分配與公平正義
南部觀點

主編◎ 簡明哲 盧必承 莊淑瓊 馬祥祐 吳昆財

論壇流程

2012 年 11 月 2 日		
一、從南方看文化論述政策與執行		
主持人	劉榮義	國立嘉義大學音樂學系教授兼人文藝術學院院長
主筆人	吳昆財	國立嘉義大學史地學系副教授
與談人	1. 李瑞騰 2. 洪孟楷 3. 董育奇	國立臺灣文學館館長 嘉義市文化局局長 嘉義市洪雅文化協會理事

2012 年 11 月 9 日		
二、就醫之路好遠，好辛苦！		
主持人	洪新原	國立中正大學資管系教授兼管理學院院長
主筆人	廖學志	嘉義聖馬爾定醫院行政副院長
與談人	1. 蘇清泉 2. 吳彬安 3. 陳信水	立法院立法委員／中華民國區域醫院協會理事長 衛生署朴子醫院院長 中國醫藥大學附設北港醫院副院長

2012 年 11 月 16 日		
三、我國社福相關政策的人口學檢視／ 經濟全球化下臺灣的新興貧窮問題與社會救助體系改革		
主持人	陳孝平	國立中正大學社會福利學系副教授
主筆人	薛承泰 呂建德	行政院政務委員／國立臺灣大學社會系教授 國立中正大學社會福利學系副教授
與談人	1. 王育敏 2. 張世雄	立法院立法委員 國立中正大學社會福利學系教授

分配與公平正義：南部觀點

2012 年 11 月 30 日		
四、從偏鄉與弱勢看十二年國教		
主持人	吳煥烘	國立嘉義大學教育系教授兼副校長
主筆人	簡明哲	國立嘉義大學管理學院外籍生全英文授課觀光暨管理碩士學位學程副教授兼 EMBA 執行長
與談人	1. 陳益興 2. 邱文嵐 3. 陳育恬	教育部政務次長 嘉義縣梅山國民小學校長 嘉義縣民和國民中學輔導主任

2012 年 12 月 7 日		
五、數位資源的分配與公平正義——南部觀點		
主持人	古政元	國立中正大學資訊管理系教授
主筆人	盧宓承	稻江科技暨管理學院行動科技學系助理教授兼主任
與談人	1. 陶幼慧 2. 陳弘宙 3. 柯健全	國立高雄大學資訊管理學系教授 稻江科技暨管理學院副校長 國立嘉義大學資訊工程學系教授兼理工學院院長

2012 年 12 月 14 日		
六、從南部觀點省思地方財稅與經濟問題		
主持人	簡明哲	國立嘉義大學管理學院外籍生全英文授課觀光暨管理碩士學位學程副教授兼 EMBA 執行長
主筆人	馬祥祐	南華大學國際暨大陸事務學系、公共政策研究碩士班副教授兼主任
與談人	1. 陳淳斌 2. 王元章 3. 朱耀祥 4. 雲林縣政府	國立嘉義大學公共政策研究所教授兼所長 國立中正大學財務金融學系教授 吳鳳科技大學通識教育中心講師

2012 年 12 月 21 日	
七、政府決策與正義思量——論中油高廠遷廠議題	
主持人	陳淳斌　國立嘉義大學公共政策研究所教授兼所長
主筆人	莊淑瓊　國立嘉義大學公共政策研究所助理教授
與談人	1. 陳綠蔚　台灣中油公司副總經理 2. 馬財專　國立中正大學勞工關係學系副教授兼系主任 3. 黃煥彰　中華醫事科技大學護理系副教授

董事長序

　　新台灣人文教基金會成立14年來,長期持續辦理多項知識論壇及社會活動。一方面,基金會邀請專家學者,彙集其智慧與經驗,為政策提供看法與建議。另一方面,基金會亦常年在各地舉辦論壇及活動,避開視野角度之侷限,期能反應在地聲音。基金會期許以此形成一株株的小小種苗,讓社會賢達由不同觀點,引領社會思考並產生共鳴,從而能夠激盪出更多的新思維。

　　這些年來,馬英九總統竭盡所能地致力於人民生活水準的提升。而在社會努力追求經濟持續成長與發展的同時,我們也逐漸意識到許多問題伴隨浮現。諸如:所得分配不均、社會正義不平衡、政經社會問題之公平合理遭受質疑、城鄉差距與南北差異的逐步擴大等,這類問題每每容易形成社會不穩定之隱憂。因此,何為臺灣社會的「分配與公平正義」、該如何實踐與落實此一普世價值,已然成為當今臺灣社會發燒之議題。與此同時,該如何結合各地之觀點「問問題、提對策」,不僅成為臺灣執政當局重視的棘手議題,更是臺灣未來永續發展必需面對的社經課題。

　　有鑑於此,本會自2012年11月起,由簡明哲副執行長擔任召集人,在雲嘉地區各大專院校辦理相關論壇,陸續邀請相關議題之產、官、學界專業人士,就有關臺灣「文化」、

「醫療」、「社福」、「教育」、「數位」、「財稅」和「環境」七面向，進行在地觀點之議題建議與探討，除能提供現行政策新觀念外，也希望藉由在大專院校辦理此活動，讓年輕學子對於政府政策之發展獲得更多意見抒發之管道與參與之平臺。

今謹以此序代表新台灣人文教基金會所有同仁，向所有參與相關論壇之專家、學者及各界代表們，對他們長久以來投注於相關議題之研究及心血，致上我們最真誠的謝意與敬意。期待本書的付梓能夠提供社會與政府對臺灣發展有更多不同的思維，收拋磚引玉之效，並期能讓臺灣未來公共政策的內涵更豐富、推行的過程更周延。

新台灣人文教基金會董事長
張珩

主編序

　　新台灣人文教基金會長期以來為了因應時事、反映民意，定期辦理了許多產官學政策論壇，藉由政策論壇的舉辦，除了匯集產官學界對於特定議題之政策建議供政府相關部會施政之參考外，更重要的是藉由論壇的辦理，提供社會各界一個觀念溝通與共識凝聚的平臺。為了提倡臺灣社會的公平正義、為了促進臺灣社會的和諧進步，新台灣人文教基金會自 2012 年 11 月起與雲嘉地區大專院校合作，於每週五下午假各校相關系所辦理「分配與公平正義：南部觀點」系列論壇，論壇邀請出身南部地區的產官學界分別從文化、醫療、社福、教育、環保、數位及財經等議題，共同就如何促進臺灣社會的分配與公平正義進行深度探討。

　　本論壇之協辦單位包括有中華民國卓越臺灣協進會、臺灣社會福利學會、國立中正大學管理學院醫療資訊管理研究中心與社會福利學系、國立嘉義大學公共政策研究所、史地學系、師資培育中心與管理學院碩士在職專班、南華大學國際關係與大陸事務學系、公共政策碩士班與亞太政策碩士班及稻江科技暨管理學院等單位。

　　系列論壇之主筆者及主題包括有國立嘉義大學吳昆財教授的「從南方看文化論述政策與執行」、嘉義聖馬爾定醫院廖學志副院長的「就醫之路好遠，好辛苦！」、前行政院政

務委員薛承泰教授的「我國社福相關政策的人口學檢視」與國立中正大學呂建德教授的「經濟全球化條件下臺灣的新興貧窮問題與社會救助體系改革」、國立嘉義大學簡明哲教授的「從偏鄉與弱勢看十二年國教」、國立嘉義大學莊淑瓊教授的「政府決策與正義思量——論中油高廠遷廠議題」、稻江科技暨管理學院盧宓承教授的「數位資源的分配與公平正義——南部觀點」及南華大學馬祥祐教授的「從南部觀點省思臺灣的地方財政與經濟問題」等。

　　藉由論壇主筆文章的拋磚引玉及出身南部產官學界與談代表的評論，再加上各協辦單位相關系所師生的共同討論，期望能特別從南部觀點來省思與發掘臺灣的分配與公平正義問題，更希望透過與會者的集思廣益能凝聚共識並提出具體可行的政策建議，為重建公平正義的臺灣社會盡一份心力。

新台灣人文教基金會副執行長
簡明哲

目次

壹、文化

從南方看文化論述政策與執行／吳昆財 001

回應／李瑞騰 017

回應／洪孟楷 021

回應／董育奇 027

貳、醫療

就醫之路好遠，好辛苦／廖學志 037

回應／蘇清泉 061

回應／吳彬安 067

回應／陳信水 071

參、社福

我國社福相關政策的人口學檢視／薛承泰 077

經濟全球化條件下臺灣的新興貧窮問題與
社會救助體系改革／呂建德 091

回應／王育敏 115
　　回應／張世雄 121

肆、教育

　　從偏鄉與弱勢看十二年國教／簡明哲 127
　　回應／陳益興 139
　　回應／邱文嵐 147
　　回應／陳育悋 155

伍、數位

　　數位資源的分配與公平正義——南部觀點
　　／盧宓承 161
　　回應／陶幼慧 169
　　回應／陳弘宙 175
　　回應／柯建全 179

陸、財經

　　從南部觀點省思台灣的地方財政與經濟問題
　　／馬祥祐 183
　　回應／陳淳斌 203
　　回應／王元章 207
　　回應／朱耀祥 211
　　回應／雲林縣政府 223

柒、環境

政府決策與正義思量——論中油高廠遷廠議題
／莊淑瓊 227

回應／陳綠蔚 245

回應／馬財專 255

回應／黃煥彰 261

政策建議摘要 267

從南方看文化論述政策與執行

吳昆財
國立嘉義大學應用歷史學系副教授

一、前言

馬英九總統在 2011 年第 15 屆國家文藝獎頒獎典禮致詞時,明確指出文化興國的重要。他強調,唯有文化才能使一個國家與城市變偉大,政府施政希望能發展具有臺灣特色的中華文化,讓臺灣成為中華文化的領航者。此外,馬英九亦說:「工程可以使一個國家、使一個城市變大,但是只有文化才能使一個城市、一個國家變偉大!所以我們希望能夠透過行政或其他方式,提供藝文者足夠發揮空間,讓他們的作品可以發光發熱,這才是國家建設發展未來方向。」[1]

壯哉斯言!的確,一個民族與國家的復興與偉大,不單只是著眼在經濟建設的成就,或是競逐於一棟世界級高度的建築物。那是一種形而下的國家發展,也將會有時而盡。倘若民族想要可長可久,必然要朝向形而上的文化層次前進。

---

[1] 江昭倫,〈國家文藝獎頒獎 馬總統:唯有文化讓國家偉大〉,《中央廣播電臺》, http://news.rti.org.tw/index_newsContent.aspx?nid=319949

分配與公平正義：南部觀點

移民社會的臺灣自有歷史以來，始終以物質追求，經濟發展，為生存的根本，這本是天性與地理條件使然，無可厚非。但自從臺灣進入新興工業化國家，甚至是朝向已開發國家之林邁進時，人民才開始反省，並重視文化的重要性，這項過去鮮少為大眾關注的抽象議題，2012 年文化部的成立就是化無形於有形的承諾。

確實，我們相信馬英九總統的文化意識，亦即文化立國，文化興國絕非只是口號一句。人文化成乃是中華文化的一種氣勢，更是堅持。不過吾人也必須承認文化乃是極為抽象的概念，它包羅萬象，舉凡一個民族的生活方式、思想模式，食衣住行育樂等，都是文化的一部分。

既然當今臺灣社會興起一股重視文化的熱潮，這或許是基於從近時以來，國人發現文化轉型為文創產業，竟然可為臺灣帶來可觀的財富所致。但可議的是，即便在這一波的文創財富中，依舊存在著重北輕南的現象。例如民進黨立委邱志偉在 2012 年 6 月 6 日，質詢文化部長龍應台時，指出：

> 南部流行音樂中心比起北部流行音樂文化中心不僅進度超前、規模也較大，但在本年度編列的預算，南部流行音樂文化中心竟比進度落後且整體規模較小的北部流行音樂中心整整少了兩千萬，且南部流行音樂中心將在明年進入施工階段，正

是預算經費需求的高峰期，偏偏年度編列預算又較少，擔心是否會因此延誤工程進度。[2]

邱志偉的質疑，中央長期文化資源分配的重北輕南的扭曲。無論是否符合事實陳述，都值得施政經常從北部看臺灣的中央政府深思。

總之，究竟何為文化？何為文化政策？在長期以來，中央重北輕南的施政行為下，南部在文化的發展上如何發展？又遭受何種挫折？以及將來應該如何導正這一股扭曲的趨勢，逐漸走向健康的方向，均是本文所欲分析與探究。

本文試圖從南部觀點，集中探討文化、文化政策、文化人才、南北文化認知與落差，以及文化經費等議題。

二、文化的意涵
（一）何謂文化

根據國學大師錢穆的解釋，所謂文化，可區分為二種：向外的，以及向內的。前者指的是外傾性的文化。外傾性文化亦即《易經》上所言，「開物成務」的文化，這是一種偏

---

[2] 邱志偉，〈文化資源分配重北輕南，南部流行音樂中心規模較大、進度較快，年度預算卻比北流少？〉，《立法院全球資訊網》，http://www.ly.gov.tw/03_leg/0301_main/dispatch/dispatchView.action?id=37243&lgno=00038&stage=8

重在物質功利，不脫自然性的文化。[3] 後者指的是內傾式的文化，它主要是從理想上創造人，完成人，要使人生符於理想，有意義，有價值，有道。這樣的人則必然要具有一人格。中國人謂之德性。中國傳統文化最著重這些有理想與德性的人。[4] 從字面講，「文化」兩字曾見在中國《易經》裡，有曰：「人文化成」。[5]

除了錢穆之外，又有研究者指出，文化具有廣義與狹義。例如財團法人國家政策研究基金會研究員劉新圓指出：

> 「文化」一詞，已普遍為人使用，但是，它的定義到底是什麼，卻沒有明確的定論。一般而言，廣義的文化，是指一特定社會中，人們共有或接受的信仰、生活方式、藝術與習俗。狹義的文化，是指藝術、音樂與文學，簡單地說，就是「藝術」。阿多諾（Theodor Adorno）及霍克海默（Max Horkheimer）認為，文化的理想狀態就是藝術，是人類創造力特殊而卓越的型態。世界各國文化政策所管的「文化」，其實是狹義的文化：藝術，

---

[3] 所謂「開物」乃指無此物，創此物；「成務」是為幹此事，成此事。見錢穆，《中國歷史精神》（臺北：東大圖書股份有限公司，1984年），頁129、131、135。

[4] 馬英九曾指出，一個國家若是可以拿人作比擬，文化就是他的人格。亦與錢穆的理念頗為一致。見李閔超，〈馬英九：文化是國家的人格〉，《yamz蕃薯藤新聞》，http://n.yam.com/yam/politics/201112/20111215040705.html

[5] 前引書，頁135。

這是因為藝術代表國家形象，被視為精神生活水準的指標。[6]

就基於「開物成務」，以及狹義的文化詮釋下，文化乃從形而上的人文化成，個人與民族道德之修養與躍升，轉變為形而下「質與量」的型塑。例如金字塔代表埃及文化，長城象徵中華文化。就近代文化而言，各個國家乃競逐於摩天大樓。就臺灣而論，各個城市甚至全島則追求所謂的文化創意。馬英九更是信誓旦旦，要將臺灣打造為亞太文創產業匯流中心，讓文創的力量走向世界，讓世界看到臺灣。[7]他更進一步指出，文化創意產業是未來臺灣的旗艦產業，揚名國際的，會從臺灣製造的「MIT」，變成臺灣設計的「DIT」。[8]

（二）何謂文化產業

如同馬英九所言，文化與文化創意，或者文化創意產業有所不同。[9]簡言之，文化論述，文化政策，以及文化政策的執行（即文化創意產業），三者具有互補的效用。一為理論層次，一為實踐層次，如同文化人郝明義指出：

---

[6] 劉新圓，〈什麼是文化創意產業？〉，《財團法人國家政策研究基金會》，http://www.npf.org.tw/post/2/5867

[7] 〈馬英九：打造亞太文創產業匯流中心〉，《美麗島電子報》，http://www.my-formosa.com/article.aspx?cid=5&id=20648

[8] 楊思瑞，〈馬英九：文化創意產業是台灣未來旗艦產業〉，《大紀元》，http://www.epochtimes.com/b5/8/10/4/n2285754.htm

[9] 李閔超，〈馬英九:台灣文創產業用軟實力走向國際〉，《蕃薯藤新聞》，http://history.n.yam.com/yam/politics/201110/20111005327351.html

> 沒有文化論述不作此圖，沒有文化論述卻想有文化政策，沒有文化政策卻要思考如何建立「文化創意產業」，難免窘困。在「道統」和「去中國化」的兩極激盪之後，政府如果沒有新的文化論述，形同沒有新的施政綱領與願景，此其一。過去的「文化」沒有機會和「產業」結合，過去的「產業」沒有需要和「文化」結合，政府部會如何主管其事，如何協調其事，難免因為陌生而產生扞格，此其二。這兩者沒有解決，政府難以與民間溝通，溝通時難以找到相同的語言，此其三。[10]

　　根據學者的研究，所謂文化產業，可將之定義為「利用文化來創造財富的產業」。又可延伸為解釋成，如英國學者David Hesmondhalgh 所定義的，文化產業的製品都是文本，可以任人加以解讀。文本包括歌曲、敘事或表演等，它主要是為了引起心智反應，充滿豐富的表徵意涵，藉此達成溝通的目標。例如大部分的車輛都會涉及文化性的設計，但它的目標不是為了指涉某種意義，而是為了運輸。根據這個定義，Hesmondhalgh 提出了「核心文化產業」一詞，內容包括廣告及行銷、廣播與電視產業、電影產業、網際網路產業、音樂產業、印刷及電子出版業、影視與電腦遊戲產業。[11]

---

[10] 郝明義，〈馬總統需要「務虛」的一件事〉，《郝明義的作品》，http://www.rexhow.com/?p=652

[11] 轉引同註6。

若根據上述學者對於文化產業的定義，吾人可以視文化產業乃是，把內傾式的文化，藉由開物成務的外傾式文化，再透過質與量的產出過程，達到經濟規模，帶來金錢與物質的回饋。簡言之，文化產業已如同其他的工商產業，可以進行量化的經濟生產，為國家帶來有形的財富。

三、缺乏文化觀點、文化政策與文化產業的南方社會

　　近幾十年來，中央政府各項建設，甚至政策的制定，均予人有「重北輕南」之感。不過也在此時，臺灣社會日益走向民主之際，「南方意識」逐漸抬頭，一種南部人要當家作主，臺灣南方不願意當「二等國民」的訴求，不斷在南部的社會發酵。要求公平與正義的政策，資源的分配，就具有正當性與急迫性。以下從文化論述，文化政策，以及文化產業分析南方觀點與困境。

（一）文化論述

　　馬英九曾經對外表示，臺灣是實踐儒家文化最徹底的地區，很多觀光客看中的就是臺灣的生活方式，並認為臺灣未來扮演全球中華文化的領航者。[12] 尤有甚者，馬英九甚至強

---

[12] 中央社，〈馬英九期許台灣領航中華文化〉，《中國評論新聞網》，http://www.chinareviewnews.com/doc/1015/5/8/2/101558201.html?coluid=154&kindid=0&docid=101558201

調，經由中華文化在臺灣的紮根，而產生出來的文化創意以及人才，可將臺灣作為基地，將大陸作為腹地，讓文創產業在對岸操兵並產生影響力。[13]

即便有人質疑馬英九強調中華文化在臺灣的優秀發展是溢美之辭，但馬英九卻指出了一項事實，即文化政策的背後，一定需要文化論述。[14] 無論這種文化論述是「內地化」，抑或是「土著化」，這是理論的基礎，也是政策與人才的活水源頭。一個缺乏文化論述的文化政策與文創人才，是沒有靈魂的，也根本不可能長久存在。

眾所周知，臺灣南部草根性強，亦即本土意識高熾，在一股所謂去「中國化」的過程中，南部始終扮演急先鋒的角色。南部民眾不少人視中華文化為外來文化，急欲去之而後快。南部近幾年來的文化發展與認同，絕不是馬英九口中的中華文化在臺灣的復興。

但可怪的是，南部人民的文化論述與氛圍，逐漸傾向「去中國化」，建立臺灣意識主體性的同時，南部人民卻也積極想擁抱他們眼中極度不堪的「中華文化」。舉例而言，代表五千年中華文化瑰寶的故宮文物，南部民眾則是極力爭取興建，而不論是否能與南部的諸多環境相互配合。簡言之，一

---

[13] 陳立宇、韓勝寶，〈馬英九：推廣文創產業到大陸是台灣未來重要方向〉，《華夏經緯網》，http://big5.huaxia.com/tslj/lasq/2011/10/2608399.html

[14] 岡山客，〈韓寒讚美的台灣精神，絕不只是馬英九的「中華文化」〉，《台灣228網站》，http://www.228.net.tw/index.php?option=com_content&task=view&id=14485&Itemid=71

個視內傾式的中華文化為敵仇的社會，又如何能將外傾式的物質文明與文化，內化為生活、生命，乃至人格的一部分，進而呵護得之不易的故宮文物。

姑且不論是否歷史共業造就成「重北輕南」的南部觀點與怨懟，但是南部人民在文化論述與文化政策上的扞格，形成內傾與外傾文化，在這個區域的畸形發展，才是南部人民在思索，如何建立南部文化主體性之際，所應該深切自我惕勵與反省的。

(二) 文化政策

文化論述必須透過文化政策檢證，方可證明其論述是否可行。馬英九再三強調中華民國準備以「文化興國」。[15] 更自許自己不只是作政治總統，而是一位文化總統，發揮臺灣的「軟實力」。[16] 既然要落實文化論述，則他必須提出一套完整的文化政策。為了落實文化政策，中央乃進行了文化部門的改造，將原先的文建會，擴編為文化部，用以彰顯馬英九重視文化國力培養與提升的決心。[17]

有趣的是，文化部施政理念的高舉，為了達成文化價值的維護與建立，創意產業競爭力等文化目標，文化部將致力

---

[15] 石麗東，〈記馬總統一席「文化興國」的演說〉，《海外華文女作家協會》，http://www.ocwwa.org/culture.htm

[16] 林沂鋒，〈馬英九：不只作政治總統 更要作文化總統〉，《大紀元》，http://www.epochtimes.com/b5/8/5/4/n2105226.htm

[17] 〈施政理念〉，《中華民國文化部》，http://www.moc.gov.tw/about.do?method=list&id=4

三個驅動方向,即「泥土化」、「國際化」、「雲端化」的作法,亦即向泥土紮根,服務於庶民;向國際拓展,以「軟實力」領航;向雲端發展,讓文化與先鋒科技結合。[18]究其實,文化部所謂的「泥土化」,就是社會大眾所熟悉的「本土性」,亦即在地化,或者以臺灣本土意識為主的文化政策。[19]

為了強化泥土化的文化政策,擺脫傳統以來重北輕南的質疑。馬英九在 2012 年的總統競選連任時,曾具體指出:

> 過去三年,中央對臺南的補助每年高達 417 億,比民進黨的 265 億,增加了 153 億,成長 58%,民國 97 年至民國 101 年的四年間高達 2,098 億元,佔了民進黨政府八年補助的九成八,馬英九總統說,他當總統,無論是否國民黨執政縣市,都一定補助。[20]

但現在中央文化政策的落實,或者是南部人民的感受,是否真如馬英九所言,這是需要時間驗證的。民進黨立委陳亭妃發現,當有民眾陳情《台南人劇團》,即將被迫出走臺北後,她即大力呼籲,現行的文化政策,除了文化預算支出

---

[18] 同前註。

[19] 可議的是上述文化部的三個驅動力,完全不見中華文化的論述,這與馬英九再三論述的中華文化優良性在臺灣的落實,如何相銜接,實在令人懷疑。

[20] 杜龍一,〈總統馬英九說要讓台南發展文化創意及文化創意產業〉,《壹凸新聞》,http://news.e2.com.tw/utf-8/2012-1/333809.htm

的餅一定做大之外，當務之急，必須徹底解決中央政府文化預算配置嚴重失衡、偏頗，導致長期重北輕南的現象，應該建立起公開透明的補助制度，讓補助計畫的決策與執行可供外界檢驗，而合理、公平、公正地分配文化預算與資源。最後，陳亭妃還是不免「俗套」地表示，將大力為在地的團隊爭取文化藝文團體補助經費。[21]

根據上述對於中央與地方對於文化政策的分析，其實各自皆有不足之處。就中央而言，究其實，它的思維仍然落入以臺北觀看臺灣，以北部精英份子論述文化政策的本位主義。例如，馬政府的觀念仍然停留對於南部的文化政策，就是經費補助，也就代表著是文化政策，這乃是極度缺乏文化戰略的廣度與深度。

就地方而言，猶如陳亭妃之流的南部民眾，也認定唯有大量藝文經濟的挹注，或者僅圖謀中央政府以齊頭式的文化政策分配，才代表南北文化政策是均衡的。長年的經費分配的不公不義，導致了南方社會對於中央文化政策，只在經費取得的多寡，而不在物質利益追求的背後，內傾式文化的躍升。這種只在乎中央經費補助的結果，終於造就出南方文化逐漸走向過度依賴中央，不求自我文化提升的怪異現象。惡性循環的結果，南北文化差異日趨背離。

---

[21] 陳亭妃，〈文化政策長期重北輕南〉，《立法委員　陳亭妃》，http://www.facebook.com/fififans/posts/310756378956691

總之，包括中央與南方均應瞭解，文化不等於文化創意，文化創意不等於藝術表演。文化創意產業更不等於藝文補助。[22] 長遠的南方文化政策不能只是著眼於膚淺的藝文補助，而更需要具有廣度與深度的文化策略。它是一種文創產業建構與人才的培養。這種文化策略超越南北、性別與族群，更是凌駕於經費之上的。

（三）文化創意產業與人才

文化興國關鍵不完全在經費，而更需要的是人才的養成。創意源自於文化，更需要人才承先啟後。文化、文化政策、文創，以及文創產業息息相關，互為因果。但唯有透過文創人才才能呈現具體其成效。不可諱言，臺灣的文創產業與人才，基於諸多因素的改良，頗有向北部集中的趨勢。雖然南部人才出類拔萃不在少數，但最終他們還是得要落腳在北部，或者是亞洲地區，才能發光發熱。究其原因，文創產業與人才是需要市場，更需要舞臺。基本上，臺灣北部並不缺乏聚焦的燈光，所以能聚集眾多的文創業與人才，在此競逐與交流。

相反的，南部不但人才是「楚材晉用」的紛紛朝向北部奔走，更嚴重的是南部缺少舞臺。基於歷史因素，南部文創人才始終無法大規模的培養，或者稍有成就即刻「揮師北

---

[22] Oodh，〈Re: 文創產業政策 3/4-- 文創不等於藝術表演〉，《Policy》，http://www.ptt.cc/man/Policy/D59A/D9B9/DB/M.1252696456.A.3EA.html

上」，例如：《海角七號》導演魏德聖雖出身於南部，但卻得在北部才能大展雄才。其中最主要的原因，還是北部有能力提供足夠的機會，給各項文創人才盡情發揮所長，進而產生文創產業。為何南部總是缺少這種文創產業的誘因，南部人才總是無法就地頭角崢嶸於北部，甚至是亞太地區，這當然有其長久以來不利的發展條件。究其原因，不外是一方面中央政策短視近利，每每總是試圖僅以短暫的，缺乏整體策略的文化經費補助，解決長期以來南部不能自養人才，自立文創產業的窘境。另一方面南部則以為爭取更多的文化經費補助，即能扭轉文化、文創產業與人才競爭不足之現象。

　　直言之，文創產業與人才之造就，不是經費的問題，不是幾場煙火秀式的補助，不是爆發式的幾項南部式藝文活動。它應該是有系統，有計劃的培育。

四、結語

　　由於臺灣本土意識的興起，進而建構南方觀點已蔚為臺灣當前一項顯學。南方觀點包含在各個領域之中，例如經濟、政治、教育與社會等。這其中當然也包括本文所探討的文化論述、文化政策、文創產業以及人才。總結上文所探討中央有關臺灣南部的文化政策，吾人願意在此提供幾點建議，以尋求解決之道。

（一）進一步深化文化論述

　　馬英九曾再三發下豪語，希望建構一個具有「臺灣特色的中華文化」。[23] 究竟何謂臺灣特色的中華文化，它需要理論基礎，以及充分的文化論述。若吾人進一步借用馬英九的論調，從南部的觀點切入，未來的南部也應該有一份使命感，即建構一個「具有南部特色的臺灣文化」，或者是「南部特色的中華文化」，這也是以南部文化為主體性的論述。之所以突顯南部的文化觀點，即是有感於過去數十年，臺灣的文化論述始終以北部為主導，南部文化一直被忽略，甚至被視之為陪襯角色。但歷經一波波的政經、民主與社會的發展後，臺灣社會的確存在著南北認知的差異，這種鴻溝更隨著時間的推移，有加大加深之慮。為此，吾人認為未來的臺灣文化，或者是中華文化在臺灣，絕不能再籠統地將南部文化附屬於北部文化之下。易言之，南部文化與北部文化並不盡然相同，唯有正視臺灣南北文化的差異性，如此方能制定較為完整的文化政策。

　　但南部人民也要思索，究竟該如何聯結並建構臺灣文化與中華文化的互動關係。否則一味只求故宮南遷，卻排斥中華文化，最後終將造成內傾式與外傾文化的互斥。

---

[23] 黃楊，〈馬英九遙祭黃帝陵　馬英九辦公室：慎終追遠〉，《華夏經緯網》，http://big5.huaxia.com/jjtw/dnzq/2012/04/2802867.html

(二)南部文化政策的區隔化與精緻化

臺灣的文化政策依然停留在淺層的藝文活動上,尤其對於南部的文化政策,執政者總是以每個縣市輪流辦幾場大型「拜拜式」藝文活動,即可交差了事。孰不知,南部文化政策並不缺少「廟會式」的藝文活動。南部文化政策所需求的,是精緻的;是長久持續的;更是一個充分尊重與瞭解臺灣南北文化大不同,而應有所區融的政策。例如為了營造南部文創產業的環境,財經部門可以考慮對文創產業租稅的優待。對南部的文化政策不能只是著眼於藝術補助,而是應該思考如何運用南部特有的文化條件、特色與資源,積極開創當地的文化創意與文化創意產業。

(三)文創人才的培養

文化政策、文創產業均需依賴人才,但人才需要長期培養。南部人才的發掘與訓練,確實不如北部的人才濟濟,多采多姿。但南部也絕非人才荒漠,可謂是臥虎藏龍,有待發掘的璞玉。南部人才只需要中央政府能夠提供適當的環境,即可產生諸如魏德聖之流的可用人才。但究竟何謂適當環境?文化政策、文化經費均可包括在內。其中又以經費的使用若是使用得當,用在刀口上,即可收人才之效。

但可惜的是,中央政策對南部文化政策,經常是經費使用與人才培養呈現怪離現象,亦即經費不當使用,卻無法產

生預期人才輩出的的效果。所以吾人建議政府為了培養出更多的南部人才，應該在經費的使用化整為零，何妨以「百鄉千才」的概念，積極且耐心的培育人才。而不是一味的冀望藉由砸大錢，假平等式地補助南部各縣市政府舉辦藝文活動，即是文化政策，即是人才的產出。舉例，補助一次大型藝文活動需要千萬，但在南部，一位有潛力的文創人才，一年僅需 50 萬左右的經費，亦即千萬元每年在南部可能造就 20 位人才。

　　總之，無論在文化、文化政策、文創產業，南部都是一個有待開發的處女地。它與北部雖然同處於中華文化，但是它的泥土化，或者是本土性更甚於北部。因此基於南部文化的特殊性，中央政府在進行所謂公平與正義的文化政策施政時，更應關照臺灣南部的外傾性與內傾性文化特質，如此方可收預期之效。

回 應

李瑞騰

國立臺灣文學館館長

　　民主國家公共政策的形成及其實施，一方面有學者專家的參與，一方面有民意代表的監督，當「文化」確已成為公共事務，文化政策必然會在社會的需求中，經由官民的有效互動而形成，進而在施行的過程中讓許多文化人有機會參與，感受並享受文化的美好。

　　臺灣曾有過威權的時代，以黨領政，國家的文化事務由執政黨的中央文化工作會主持，軍、特系統亦有其影響性，必須等到經濟的開發到了一定的程度，政治的反對力量逐漸擴大，政府行政體系才可能應運而生文化部門，這也正是1980年代初行政院成立文化建設委員會的背景；但即便如此，很長的一段時間，立法院還把文化事務放在教育委員會，今天的立法院設有「文化教育委員會」，是遲至1998年的事了。

　　從文建會成立（1981年）、各縣市政府陸續成立文化相關局處，到文化部成立（2012年），臺灣的文化行政體系大體完備，不管主其事者的文化思維和施政能力如何，文化作為公共事務被關切被實踐是理所當然的事了。

我們都記得孔老夫子在《論語・季氏》中說過的「不患寡而患不均」，「寡」當然是問題，政府財政困難，分配到文化的預算不夠多，都會影響文化的發展；但「不均」會造成不平、不安，顯然更嚴重。過去長期以來，有兩個「不均」現象常被提起：一是「重北輕南」（或加上「重西輕東」），二是「重藝輕文」。如果政府在文化方面真有政策性的輕重之分，當然應該調整；但真正的情況究為何，是怎麼產生的？如要調整，該怎麼做才適當？

現在有所謂「南部觀點」的出現，而且是要以此來看中央政府的文化政策。這實在不是一件容易的事，首先，到底有沒有一個統一的「南部觀點」？把臺灣區分成北中南東，則南部之所指應該是臺南、高雄和屏東，如果是更大範圍的南部，可能就要包括雲林和嘉義；每個縣市都有其特色，要找到一個統一的「南部觀點」，非常不容易。

以本文所述，所謂「南部」：

1. 草根性強，本土意識高熾。
2. 「去中國化」的急先鋒，視中華文化為外來文化。
3. 內傾（理想與德性）與外傾文化（開物成務）在這裡畸形發展。

用這樣的角度如何看待中央政府的文化施政？中央政府在深刻了解真正的南部之後，如何本於公平正義原則進行適當的資源分配？

我覺得如何發展南部的在地特色，使之成為優勢，吸引世人的目光，讓外人樂於南來，旅行或居住，甚至將資產及技術移入，是一件要緊的事。在文化上，自己有什麼，可以怎麼樣？以臺南來說，無論舊府城，或是鹽分地帶，都有久遠且深厚的文化積累，如何在那基礎上，因地制宜，打造臺南成獨一無二的歷史名城，是今天臺南人責無旁貸之事。而中央政府或外地人也必須了解，臺南在很長的一段時間是臺灣的政治文化中心，在整個臺灣現代化、資本主義化的過程中幸運地沒被怪手摧毀，而中央政府又把「國立臺灣文學館」、「國立臺灣歷史博物館」設在這裡，使臺南可能在成為歷史城市之外，又有可能發展成文學城市。

　　我因此認為，我們要的是全臺灣的「南部觀點」，而不是站在邊緣南方立場的「南部觀點」，後者易於悲情，自我怨艾；前者有歷史格局，有大視野。在全球全臺的視野底下，本土草根是資產，明鄭以降外來的漢文化也早就融入草根，當然也是資產，保存並發揚，當然是我們的責任。

回 應

洪孟楷
行政院專門委員

一、「分配」，本身就不可能絕對公平

　　呼應主題，也為一收到本次產官學論壇後所顯現出的第一構想，「分配」，自古以來就不是一件可能為絕對公平之事。自古從有人類行為以來，弱肉強食雖經過制度及文明的演化而變得不再血淋淋，但實際上行為本身還是存在著其不變的真理。也因此，相信本次論壇開宗明義是希望針對七大主題面向來邀請產官學界探討其臺灣社會的分配與公平正義之間的問題與對策，就一定勢必要認清，如果不能脫離民意民粹的操弄，亦或無法面對大多數者的利益是為最大之利益，而陷入人人皆有糖吃、處處皆齊頭式平等的侷限下，相信要有開創嶄新局面的機會，仍為不足。

二、文化，是生活的累積

　　個人一直堅信，文化就是生活，生活即是文化。但這又跟所謂廣義的文化有或多或少的不同。誠以為，文化的構成要素有二：一為特定的人群；二為一定長度的時間。當特定

的人群在經過一定時間的共同生活相處學習成長後，是必會應生活型態、地形、環境、氣候、食物、信仰、語言等因素而形成有別於其他族群的生活經驗，累積且循序漸進，進一步而成為所謂這個族群擁有的文化。因而，人與時間，缺一不可。當本論壇試著探討南部文化，給予感覺是因政府長期重北輕南而造成文化壓抑，但文化一直存在，從未消失，何來壓抑之有。另一方面，南北文化是否真存在毫不相容文化？又或只是意識形態之爭，此也值得更進一步之探究。

三、凸顯在地文化特色，方收事倍功半之效

關於在地文化，個人認為與在地特色相結合方能事半功倍，舉例來說，嘉義市的文化特色及文化脈絡，可以五個字一言以蔽之。「古、鐵、林、工、管」，古城文化、鐵路文化、林業文化、工藝文化以及管樂文化。這是嘉義市的特色和立基，也是諸羅建城三百年來累積的內涵。誠如前段所敘，經過居民的生活與時間的累積，造就而成的能量當然強大；如以外來人士想要第一步了解嘉義市的特色，能看能聽能玩的應不脫離此五大面向。當然，放大格局及層面來說，就整體中華民國而言，也應去思考本國文化特色內涵是什麼，當外來遊客到達臺灣時，能否精準地講出中華民國的文化特色，什麼是我國歷史幾百年來建立起的文化意涵，而不再只是單點的突破，譬如臺北101、故宮、或天燈蜂炮等景點節慶。

個人認為，文化部所言「泥土化」、「國際化」、「雲端化」中的泥土化，強調在於原汁原味的原創，這是種情感的融合，這是本、也是根。但並非要區分南北，並非南部才是本土，也非北部才能國際，而是應就整體國家視為一體，中華民國的文化特色為何？發自內心所言，文化人都分彼此時，這國家哪還存有不分裂的部分；另一方面，提一題外但也切合之話：本國於這幾年因應大陸觀光客及自助行旅客增多，而強打的小吃夜市文化，尤以幾大城市更是為爭取所謂十大觀光夜市而大打廣告、吸引人潮。個人認為實為可惜，夜市的人情味、多樣化、熱鬧性皆為偶一為之的經驗，並且在腦海中美化的印象；其現實往往伴隨而來的是髒亂、低廉、隨便、吵鬧、劣質、品質次等等負面行為，如要以美食文化為立基點，則更應該讓食的文化提升，不只是味覺、視覺、聽覺、嗅覺等感官上的豐富程度皆應該考量。唯有如此，中華民國才能從代工（夜市文化的快炒現賺）進而轉變成品牌（米其林餐廳的榮耀標準）財。

四、南北差異？政治炒作？中華民國還需分南北？

　　個人或許浪漫成分多些、或許試著找出一條更有利於全體國民之路，即在臺灣這塊土地上，南北文化是否真的有所差異？又或只是特定人士為其背後目的所鼓吹之操弄。筆者身為一自小即於北部生長的標準臺灣人，父親是南投草屯人，

母親為新北萬里人，過去 28 個年頭沒在南部生活超過半個月，卻毅然決然於嘉義市政府服務將滿兩年，南北文化在於個人眼中或有，但差別卻無想像中來的巨大；文化是能有所區分，但絕非差異或差距，如硬要因南北而分別，更甚者變成爭取預算資源的談判籌碼。相信絕非有志之士所為。個人認為，該給予補助應當補助，但絕非是弱勢而有其補助。如此方更能凸顯尊重多元即南方文化，而非高高在上地憐憫其發展。

我十分同意人才的造就並非經費的問題，更不是幾場煙火秀式的補助或爆發式的藝文活動可以造就，其有系統和有計畫的培育將是養成的關鍵。市場、舞臺在於北部並非壞事，事實上這是受限市場規模之現實，南部該做的應該思考在於如何變成強勢文化輸出地，引導及領導臺灣文化的走向。如同前幾年流行樂壇也都還盛行臺灣是亞洲華人地區的強勢歌手輸出地，是以到今日為止，張惠妹、周杰倫、五月天、蔡依林也都還是執牛耳之地步在華人歌壇獨領風騷。又譬如紐約市百老匯為全美甚至全球舞臺演員夢想之地，美國其他大城並不刻意爭取或打造第二個百老匯以來搶紐約市的光環；相反的，利用紐約市既有的能見度和曝目的資源推自己一把，快速踏上世界的舞臺才是關鍵。因此，如何找出自身的優勢和立基來擴大相關影響力，將是本次論壇還可進一步互相探討之處。

五、不怕「楚材晉用」，走出去就是關鍵

最後，試著為個人本篇與談稿做些許歸納。首先，個人認為不需過分追求所謂南部特色的臺灣文化，能走出去、被接納、被包容、被認同、有激盪將更是文化的昇華。而一味的分南北將有所侷限，如同某些新聞媒體喜歡用「天龍人」或「天龍國」形容臺北市及住在臺北的居民，紅遍半邊天的「江南 style」更也是譏諷南韓國內高級住宅區的特定族群，而這都不是文化交流應該有的現象。開放、包容的態度將會更有助於型塑廣為接受且有影響力的文化產業。

文化人才的培育則更有賴遠見的政策和執政者的決心。如同嘉義市政府因自 1993 年開始發展國際管樂節至今已經 21 屆而養成管樂風氣，在黃敏惠市長的指示之下，到民國 2015 年止，全嘉義市 20 所國小、8 所國中都必須完成「一校一樂團，一生一樂器」的階段性目標，意即每一所學校都必須有一個管樂團或是管樂班的編制，而每一位學生於畢業前都必須要學會一種管樂器。另在 2012 年開始，每年的國際管樂節系列活動中，嘉義市開始招募以國中、高中學生為主所組成的「嘉義市節慶管樂團」，這將是嘉義市的管樂大使及與其他城市和國家交流的管樂代表，並負責每年 1 月 1 日的指標性新年音樂會室內演奏。利用國際管樂節所花預算邀請到的國外管樂大師蒞臨指導學生，也利用管樂節十天上下的時間超過 30 場的室內外演奏會讓學生能近距離觀摩，種種的一切只為培育人才而扎根。一年也許只有 50 位更集中的菁英產生，

但如能放長遠來看,再一個 20 年過去,我們將培育一千位的管樂人才,能為在地的文化注入一股更清新甜美的泉源。

是以,最後簡短的說,我不認為南部地區有任何不足於北部之處,也更相信中華民國絕對是中華文化傳承的最佳領頭羊,只要能取一基準點平均分配文化資源,相信發光發熱的效果將如南部的氣候、炙熱的太陽般溫暖且耀眼的綻放。

回　應

董育奇
嘉義市洪雅文化協會理事

一、前言

　　臺灣的文化發展在 2012 年 5 月 20 日進入一個跨時代的里程碑，因應行政院組織再造的推動與落實，從原本的行政院文化建設委員會正式升格為中華民國文化部。前中央文化主管機關「行政院文化建設委員會」於 1981 年 11 月 11 日成立後，其任務在於統籌規劃國家文化建設施政，在全國性和地方性的文化發展工作上，扮演政策規劃與推動者的角色。至升格為文化部後，屆齡滿 31 歲，如與人類的生命歷程相呼應時，正值青年階段，亦為古人所云：「三十而立。」持之履行者將也立國！文化部除了能在原有的基礎下持續深耕發展外，其新任務在於解決文化業務長久以來面臨人力及資源的困境，將政府組織中原本分散的文化事務予以整合。

　　在行政院組織再造的基礎下，文化部的業務範疇，除涵蓋原文建會現有之文化資產、文學、社區營造、文化設施、表演藝術、視覺藝術、文化創意產業、文化交流業務外，並納入行政院新聞局出版產業、流行音樂產業、電影產業、廣播電視事業、兩岸交流等業務、行政院政府出版品相關業務，

以及教育部轄下五個文化類館所等。[1] 其中，七個業務司分別為綜合規劃司、文化資源司、文創發展司、影視及流行音樂發展司、人文及出版司、藝術發展司、文化交流司等，另有文化部文化資產局、文化部影視及流行音樂產業局等兩個局，及其他附屬單位。

　　文化部首要職責在於文化國力的培養與提升。將文化視為國力，在政策上有四個主要基本目標：（一）公民文化權的全面落實、（二）美學環境的創造、（三）文化價值的維護與建立、（四）創意產業競爭力的提升。[2] 在當今的臺灣社會中，臺灣的文化界人士更將中華民國 101 年稱為臺灣文化元年，因為文化政策的事權統一、多元文化政策推動下，才能與國際社會，行銷臺灣文化的普世價值。

二、地方政府文化政策的應對與發展

　　如前所述，文化部的成立，成為中華民國有史以來，決心將以「文化立國」作了最好的印證。但是各縣市地方政府如何承載與對應相關主司文化政策業務，將是各地方政府當前最重要的課題之一。單以南臺灣嘉義地區嘉義市政府文化局與嘉義縣文化觀光局為例。嘉義市政府文化局相關業務執

---

[1] 〈成立沿革〉，《中華民國文化部》，http://www.moc.gov.tw/about.do?method=list&id=2

[2] 〈施政理念〉，《中華民國文化部》，http://www.moc.gov.tw/about.do?method=list&id=4

掌單位有：圖書資訊科、展覽藝術科、表演藝術科、藝文推廣科、文化資產科、博物館科等業務單位。嘉義縣文化觀光局相關業務執掌單位有：企劃科、藝文推廣科、文化資產科、產業科、設施科等業務單位。

在現有的文化創意產業當道的政策推動下，如果歸納在文化資產科或藝文推廣科的業務窗口下，是增加業務窗口負擔或是降低公共服務品質，面臨其重要的困境與壓力，顯然地方政府文化單位的組織再造規劃，應該是值得思索的。因為公共政策的落實來自於行政部門的執行效率，窗口業務對應不一、專職人員業務複雜等，都可能是降低行政效能與專業服務的因素之一，更勢必造成公共政策資源的浪費。

三、從 7835 村落的社區營造到文化資源再現

自行政院文化建設委員會於 1994 年提出「社區營造政策」，透過社區意識的重建，培養國人的共同體意識。因應時代腳步及外在環境改變，並持續推動地方社區營造，於 2007 年 10 月提出以「地方文化生活圈」區域發展的概念為出發的「新故鄉社區營造第二期計畫」，冀由社區營造的擴大與深化，透過空間整理與地方人士共同經營之方式，提升生活品質。2012 年 7 月文化部在第一階段「2012 文化國是論壇」中以「最小的其實最大——7835 村落文化再造的落實」為課題，希望在各族群、社區、組織及不同文化等界限及歸

類下,突破現況與未來策略,融合臺灣多元文化的底蘊,以社區單元的文化動能,重新建構社會價值,邁向文化平權的社會。

在文化平權的思考下,呼應了「分配與公平正義」的命題,惟社區營造的文化政策,在行政院農業委員會「農村再生培根計畫」與「農村再生條例」的結合下,保障了十年的特別預算。文化類的社區營造政策何去何從?筆者認為社區營造是讓臺灣文化資源發覺、重現、再生、創新等最重要的文化深耕與文化平權的方法及根本,亦陪伴了文化部前身的行政院文化建設委員會將近18年之久,社區在地文化也在此歷程中,被重視、被讚美;進而保存與創新,建構起臺灣在地文化特色。未來,相信在文化部文化資源司的政策推動下「文化社區、魅力臺灣」的7835村落政策,成為文化軟實力的公民社會。

立法院教育及文化委員會2012年10月31日審查文化部102年度預算,文化部部長龍應台進行施政報告時表示,7835村落文化扎根計畫除了培育在地文化人才,也盤整村落文化資源,發展村落微型文化產業,建構在地生活美學空間,活化文化資產,以文化外交為觸媒,提升臺灣的國際能見度,為臺灣打開面向世界的另一扇窗,並推動創新傳統藝術。

四、文化資產與普世價值的接軌

臺灣文化資產保存政策在2005年「文化資產保存法」

經過大幅度的修法後，文化資產保存與再利用的策略，逐步與國際文化資產政策接軌。當時，行政院文建會更在 2006 年推出「區域型文化資產保存及活化計畫」的重要公共政策，將文資法中七類文化資產，以整合、跨類別方式思考有形文化資產與無形文化資產面向性的思考推動。這樣前瞻性的公共政策更加貼近聯合國教科文組織（UNESCO）所推動的「世界遺產」與「非物質文化遺產」的普世價值。

以嘉義地區「阿里山森林鐵路」為例，「阿里山森林鐵路」橫跨嘉義市、嘉義縣及南投縣三縣，鐵路跨越熱帶、暖帶、溫帶，三種林相垂直分布，集森林鐵道、登山鐵道和高山鐵道於一身，舉世罕見。為全世界島嶼登山鐵路海拔最高者 2,451 公尺，也是亞洲海拔最高的 762mm 軌距鐵路。以全球非齒軌的登山鐵路統計，海拔落差 2,421 公尺，名列前茅，其重要性可見一斑。具備世界登山鐵路五大工法的其中四項：包含馬蹄彎、螺旋路線、之字形、特殊形式的蒸汽機車，與世界遺產印度大吉嶺鐵路相同。[3]

然而，「阿里山森林鐵路」在區域文化資產保存課題上，面臨古蹟、歷史建築、文化景觀、自然地景等類別不同層次與強度的保存與活化領域，除了在文化資產保存技術專業的維護下，還有各政府單位及管理機構的複雜性，例如：世界遺產推動任務在於文化部、阿里山森林資源維護在於行政院

---

[3] 文化部文化資產局，《世遺 18：臺灣世界遺產潛力點向前行》，http://tw18.boch.gov.tw/

農委會、森林鐵路發展業務有交通部及行政院農委會、地方政府更有嘉義市政府、嘉義縣政府、南投縣政府等。「阿里山森林鐵路」具備臺灣殖民歷史過程中重要的文化資產，在相關部會公共資源的投資，「分配與公平正義」是極具挑戰性的任務。

　　最後，筆者想提出一種文化政策的思考，在「文化資產保存法」第十一條明定「主管機關為從事文化資產之保存、教育、推廣及研究工作，得設專責機構，其組織另以法律或自治法規定之。」在 2005 年迄今，已有七年之久，南臺灣落實了「得設專責機構」的縣市，以目前筆者所知，獨有 2011 年臺南市揭牌啟動「臺南市立文化資產管理處」。中華民國是一個法制的國家，立法給予國家履行資源分配與公平正義最基本的治國方針。在文化資產保存法律中明定「得設專責機構」從事文化資產之保存、教育、推廣及研究工作，如果政府在施政消極不作為的疑慮下，文化資產保存的政策如何累積臺灣文化資產的厚度，以及與國際間對於普世價值保存相接軌，值得深思！

五、文化創意事業與國民美學素養的均衡發展

　　當前，臺灣文化創意產業發展政策，幾乎是所有文化人士常常朗朗上口的專有名詞，有時候三、五言詞中都會冒出「文創」、「文創」，好像代表著本身流行、時尚、文化

的專業？筆者離開文創事業後，其實很少與人討論文化創意產業，為何呢？近幾年來筆者一直認同所謂的「生活美學運動」，臺灣生活美學運動將是未來的活化劑，想想看有一天您拿著一個經過文創設計後的經典茶杯，造價 2,500 元。在街頭中用 2,300 元，跟市民或縣民銷售，並嘗試跟市井小民溝通設計美感。答案會是什麼？筆者認為文化創意產業要發展，國民的美感、美學素養要投入更多發展資源，因為生活美學是大眾文化精神層次的培養。在金字塔底端的美感文化不高時，如何行銷甚至消費金字塔頂端文創產品，應該很難找到彼此可以對話的空間。

如果回到法源的基礎下 2010 年所制定的「文化創意產業發展法」，其中，相關條文明定完整與客觀，筆者引用法中三條法規提供各界賢達，思考未來公共政策的公平正義，因為當前過度傾向產業化、價值化、商品化的思考，有失資源分配與公平正義的觀察。

「文化創意產業發展法」第十一條：「為培育文化創意事業人才，政府應充分開發、運用文化創意人力資源，整合各種教學與研究資源，鼓勵文化創意產業進行產官學合作研究及人才培訓。政府得協助地方政府、大專校院及文化創意事業充實文化創意人才，並鼓勵其建置文化創意產業相關發展設施，開設相關課程，或進行創意開發、實驗、創作與展演。」

「文化創意產業發展法」第十三條：「為提升國民美學

素養及培養文化創意活動人口，政府應於高級中等以下學校提供美學及文化創意欣賞課程，並辦理相關教學活動。」

「文化創意產業發展法」第十四條：「為培養藝文消費習慣，並振興文化創意產業，中央主管機關得編列預算補助學生觀賞藝文展演，並得發放藝文體驗券。」[4]

以上三條，如以嘉義文化創意產業園區為基礎作思考，來談談未來園區還有什麼可能？

嘉義文化創意產業園區以「嘉義傳統藝術創新方舟」為其定位，基地將完成整修與開放營運的發展。但是相關產官學合作研究及人才培訓是否已開始？嘉義地區相關大專院校及文化創意事業是否有為充實文化創意人才，開設相關課程，或進行創意開發、實驗、創作與展演。乃至為提升國民美學素養及培養文化創意活動人口，高級中等以下學校有規劃美學及文化創意欣賞、教學等課程，甚至培養藝文消費習慣，發放藝文體驗券？筆者不敢再提太多，因為筆者永遠認為所有的公共政策基本上都是好的，但是在行政落實卻是差強人意。

六、城市發展的公平正義

一個城市的發展一定與自身的歷史、文化、藝術及城市治理願景，並在其基礎的定位逐次發展特色魅力的城市品牌。

---

[4] 〈文化創意產業發展法〉，《中華民國文化部》，http://www.moc.gov.tw/law.do?method=find&id=247

歐洲向來在城市發展與都市設計上，總是引領國際都市發展的共鳴，例如：歐盟（EU）從 1985 年開始，每年選出歐洲文化之都，展現城市的文化生活與文化發展，最初的 20 年，主要以城市的文化歷史、節慶活動、基礎設施投入與財務上的支持作為選拔指標。從 2004 年開始，「歐洲文化之都」也扮演了文化發展與城市轉型的催化劑，因此，將城市對於社會經濟的發展與影響力也納入選拔指標。正因透過「歐洲文化之都」的努力，將歐洲國家各特色城市，透過歷史、藝術、科學等面向，影響在都市更新的過程中，各種多元性思考元素的發酵。

筆者相信，在這樣的城市發展風潮下，促使了聯合國教科文組織（UNESCO）在 2004 年發起了「創意城市」構想，以七個不同的主題，分別為：工藝與傳統藝術城市、音樂城市、電影城市、設計城市、媒體藝術城市、傳統文化美食城市、文學城市。選出歷屆創意城市，其推動機制主要在促進已開發國家和開發中國家城市的社會、經濟，以及文化發展，被選出的創意城市可透過這個平臺分享他們的創意城市特色。正因如此，城市發展可以跳脫「複製」造鎮的迷思，為城市魅力與土地正義找到一個適當的出路。

在文化部當前所提出的「泥土化」、「國際化」、「雲端化」等概念如形成一條龍的配套思維，臺灣各縣市的城市、鄉鎮，乃至嘉義市發展更經歷過原住民時期、荷蘭時期、明鄭時期、清領時期、日治時期、戰後與當代的城市治理。在

多元化與國際化的優勢下，除了目前高齡友善的政策思考外，青年人返鄉、國際人士交流定居，應該更具優勢，要如何營造出文化、幸福、返鄉、就業等創意城市的魅力，需要各位賢達、先進夥伴共同努力。

就醫之路好遠,好辛苦

廖學志
嘉義聖馬爾定醫院行政副院長

一、前言

在因緣際會之下能夠有機會參與「分配與公平正義」的討論,讓我可以仔細回顧23年來在南部地區工作的經驗與家裡長輩就醫的經驗,並將個人可收集到的資料,稍為整理分析,本著拋磚引玉的初衷,提供給與會貴賓參考,期待能激發出更多的構想,並提出更貼近南部地區民眾需求之醫療資源補強方案,若要考慮醫療資源分配公平性,一般可以分為選擇的公平與可近性的公平,選擇的公平也可以說是選擇集的公平,選擇集(Choice set)就是在客觀環境的限制下某人可能選擇項目的集合,Le Grand 曾經這樣說「Distribution is equitable if it is the outcome of informed individuals choosing over equal choice set」(如果它是知情的個人在相同的選擇集之下選擇的結果,那表示這個分配是公平的,選擇集的平等:即民眾有相同的選擇集(Le Grand, 1987, 1991)。此與 Penchansky and Thomas(1981)之可用性(Availability)是類似的,即需要足夠的醫師、醫療院所及設備(林進財,2006),目前最常見的是以每萬人口西醫師人數與每萬人口急性病床數來衡量醫療資源分配情形,例如衛生署在「醫院

設立或擴充許可辦法」就規定醫院申請設立或擴充急性一般病床，病床數之限制如下：急性一般病床於次醫療區域，每萬人不得逾 50 床；於一級醫療區域之急性一般病床達 500 床之醫院，每萬人不得逾 6 床。

可近性的公平，促進可近性主要是關注如何協助民眾獲得合適的醫療照護資源，以維持或改善民眾的健康，有至少四個構面需要注意（Access to Health Care, 2001）：

1. 如果這些服務，是在服務充足供應之下，那麼民眾可能「有機會獲得」醫療保健。
2. 民眾獲得醫療保健服務容易程度取決於財政，組織和社會或文化障礙，醫療保健服務的使用則取決於財務負擔能力，硬體可近性，服務可接受性，而不是僅僅供應是否充足。
3. 若是要讓民眾獲得滿意的健康成果，提供的醫療保健服務必須是與民眾的需求是相關的，而且是有效的。
4. 醫療保健服務的可用性和利用障礙，必須在各種物質、文化環境的社會團體間以不同的觀點、不同的健康需求加以評估。

二、不同角度思考醫療資源分配的現況

若是要考量選擇的公平，首先供給量要足夠，也就是說每萬人口西醫師人數與每萬人口急性病床數越高越好，若是要考量可近性的公平，除了供給量要足夠之外，還要方便取

得、經濟能力可負擔、符合需求而且是有效的,要讓醫療資源分配符合公平,首先需要了解各地區醫療資源充足或不足,醫療資源充足地區則需要限制再投入,醫療資源不足地區則需要鼓勵投入或加以補強,元培科技大學經營管理研究所林進財先生,獲得行政院國科會之經費補助,利用新 DEA 模式來評估健保實施後,臺灣各醫療區域之醫療公平性,以做為政府對醫療資源投入與控制之依據,文章結論建議「政府應該持續有公權力介入南投縣、屏東縣,例如公費生投入,甚至擴大當地的公立醫院之醫療規模,並給予適宜之補貼,政府應該鼓勵民間醫療機構設置在苗栗縣及彰化縣,以避免醫療資源持續惡化。」(林進財,2006)也就是說林先生分析後認為南投縣、屏東縣、苗栗縣及彰化縣為醫療資源相對不足,但是對照表一,依每萬人口執業醫師數,南投縣、屏東縣、苗栗縣及彰化縣,在 22 個縣市中排名分別為第 16,15,20,10 名,所以若要將彰化縣(第 10 名)歸屬醫療資源不足縣市則有待商榷。另外文章結論也建議「針對醫療資源充足之醫療區域,如臺北(臺北市、新北市、基隆市)、宜蘭縣、桃園縣、臺中(臺中市、臺中縣)、臺南(臺南市、臺南縣)、臺東縣、花蓮縣及澎湖縣,屬於醫療資源充足縣市政府應該停止繼續新設公立醫院」(林進財,2006),同時並建議應該考慮將區域內之公立醫院以公辦民營方式委託辦理或逐步減少補貼之方式,以減少政府財政負擔,但是對照表一,依每萬人口執業醫師數,臺北(臺北市、新北市、基隆市)、宜蘭縣、桃園縣、臺中(臺中市、臺中縣)、臺

南(臺南市、臺南縣)、花蓮縣均屬前八名,歸屬醫療資源充足縣市,相對合理,但是臺東縣及澎湖縣,在 22 個縣市中排名分別為第 19,14 名。所以若要將臺東縣及澎湖縣歸屬醫療資源充足縣市則有待商榷。

表一　每萬人口執業醫師數(本研究整理)

排名	縣市名稱	醫師數／每萬人口數
1	臺北市	34.43
2	嘉義市	31.43
3	花蓮縣	23.64
4	臺中市(升格後)	23.43
5	高雄市(改制後)	21.04
6	基隆市	18.43
7	桃園縣	18.22
8	臺南市(升格後)	18.12
9	新竹市	18.11
10	彰化縣	16.47
11	連江縣	15.08
12	宜蘭縣	14.66
13	雲林縣	14.07
14	澎湖縣	14.03
15	屏東縣	13.68
16	南投縣	13.11
17	嘉義縣	12.98
18	新北市	12.88
19	臺東縣	12.01
20	苗栗縣	11.03
21	新竹縣	9.24
22	金門縣	5.85

來源:中華民國統計資訊網

行政院衛生署 99 年 1 月 25 日公告「醫院設立或擴充許可辦法」中第五條：中央主管機關得依醫療區域之劃分，限制各級醫療區域內之各類病床數。醫療區域之劃分如表二。第六條：前條各類病床數之限制如下：第一項：急性一般病床於次醫療區域，每萬人不得逾 50 床。其中次醫療區域全省共劃分成 63 個，並於 99 年 10 月 4 日邀集各直轄市、縣（市）衛生局、健保局、健保小組、醫管會及專家學者召開「次醫療區域劃分」會議，規劃重點方向為將 17 個醫療區域，於每

表二　醫療區域之劃分

一級醫療區域	二級醫療區域	次醫療區域
臺北	臺北	臺北
		淡芝
		泰林
		三鶯
		坪烏
	基隆	不分區
	宜蘭	宜蘭
		羅東
北區	桃園	桃園
		中壢
	新竹	竹西
		竹北
		竹東
	苗栗	海線
		苗栗
		中港
		山線

表二　醫療區域之劃分（續）

一級醫療區域	二級醫療區域	次醫療區域
中區	臺中	豐原
		清水
		大甲
		霧峰
		臺中
	彰化	彰化
		鹿港
		二林
		員林
		田中
	南投	埔里
		草屯
		南投
		竹山
南區	雲林	西螺
		北港
		虎尾
		斗六
		臺西
	嘉義	嘉義
		嘉東
		嘉北
		嘉西
	臺南	新營
		曾文
		北門
		新豐
		臺南
		新化

表二　醫療區域之劃分（續）

一級醫療區域	二級醫療區域	次醫療區域
高屏	高雄	岡山
		高雄
		旗山
		小港
	屏東	屏東
		潮州
		東港
		恆春
		高樹
	澎湖	不分區
東區	臺東	臺東
		關山
		成功
		大武
	花蓮	花蓮
		鳳林
		玉里
	合計	63 區

個區域中規劃一至四個次醫療區域，且劃分後以每個次醫療區域均有一家區域級以上之醫院為原則，重新劃分後之結果為計有 49 個次醫療區域，較現行 63 個次醫療區域減少 14 個次醫療區域。衛生署醫政處石崇良處長 98 年 8 月「我國醫療資源分布及規劃情形」報告中提出醫療網規劃目標醫療網規劃目標。1. 醫療網規劃目標：醫療次區域急性一般病床數達每萬人口 35 床。2. 醫療資源不足：醫療次區域急性一般病床

數未達每萬人口 20 床者。3. 醫療資源過賸：醫療次區域急性一般病床數超過每萬人口 50 床（含）者，如表三（17 個醫療區急性一般病床資源分布現況）醫療資源不足地區有金馬地區，需要再加強醫療資源的地區（每萬人口小於 30 床）依序有南投醫療區、新竹醫療區、雲林醫療區、澎湖醫療區、臺南醫療區、彰化醫療區、基隆醫療區、苗栗醫療區。

表三　17 個醫療區急性一般病床資源分布現況

醫療區域	每萬人口急性病床數
基隆醫療區	28.57
臺北醫療區	30.78
宜蘭醫療區	39.87
金馬地區	11.28
桃園醫療區	34.92
新竹醫療區	22.46
苗栗醫療區	29.73
臺中醫療區	37.00
南投醫療區	21.95
彰化醫療區	27.77
雲林醫療區	24.27
嘉義醫療區	38.67
臺南醫療區	27.34
高雄醫療區	34.96
屏東醫療區	30.56
澎湖醫療區	25.50
花蓮醫療區	42.01
臺東醫療區	31.67

行政院衛生署公告中華民國101年7月11日公告修正「醫療資源缺乏地區及經濟困難者之範圍」,其中定義醫療資源缺乏地區為下列地區:(一)所在縣市內無醫學中心或重度級急救責任醫院,且一般急性病床開放數未達每萬人口32床之地區。(二)依醫院設立或擴充許可辦法第五條所劃分醫療區域之次醫療區域內,其急救責任醫院數一家以下之地區。所以對照表四(每萬人口一般急性病床數),如果將每萬人口32床之地區歸屬於醫療資源缺乏地區,則新竹市、臺東縣、屏東縣、嘉義縣、苗栗縣、彰化縣、臺南市(升格後)、雲林縣、澎湖縣、南投縣、連江縣、新竹縣、新北市、金門縣屬於醫療資源缺乏地區。

表四 每萬人口一般急性病床數(本研究整理)

排名	縣市名稱	一般急性病床數／每萬人口
1	嘉義市	63.03
2	臺北市	50.44
3	花蓮縣	40.76
4	宜蘭縣	39.74
5	臺中市(升格後)	35.83
6	高雄市(改制後)	34.62
7	基隆市	34.05
8	桃園縣	32.37
9	新竹市	31.25
10	臺東縣	30.56
11	屏東縣	29.78
12	嘉義縣	29.77
13	苗栗縣	28.34

表四　每萬人口一般急性病床數（本研究整理）（續）

14	彰化縣	27.28
15	臺南市（升格後）	25.90
16	雲林縣	24.37
17	澎湖縣	23.83
18	南投縣	22.07
19	連江縣	20.11
20	新竹縣	16.14
21	新北市	14.79
22	金門縣	11.09

不同的區域劃分方式，如以縣市別或二級醫療區域或次醫療區域，以特殊統計運算方式元培大學林進財先生，利用新 DEA 模式來評估醫療資源，或是以不同的衡量指標，如每萬人口執業醫師數，每萬人口一般急性病床數，均會產生不同結果，根據衛生署民國 98 年 3 月「新世代健康領航計畫」中資料描述「至民國 96 年底每萬人口急性一般病床為 31.94 床，每萬人口西醫師數 15.7 人」並設定至民國 101 年目標值，每萬人口急性一般病床為 32.35 床，每萬人口執業醫師數 16.72 人，當然如果再考慮其他不同的衡量指標，如每公里道路執業醫師數（全國平均 1.10）如表五，每公里道路急性一般病床數（全國平均 1.76）如表六，每平方公里面積執業醫師數（全國平均 1.22）如表七，每平方公里面積急性一般病床數（全國平均 1.96）如表八，也會產生不同醫療資源充足或不足的判斷，如表九。

表五　每公里道路執業醫師數（全國平均 1.10）（本研究整理）

排名	縣市名稱	醫師數／公路 km
1	臺北市	7.13
2	新竹市	1.78
3	嘉義市	1.77
4	新北市	1.75
5	高雄市（改制後）	1.50
6	臺中市（升格後）	1.48
7	桃園縣	1.33
8	基隆市	1.15
9	彰化縣	0.95
10	臺南市（升格後）	0.75
11	澎湖縣	0.52
12	宜蘭縣	0.51
13	花蓮縣	0.50
14	屏東縣	0.42
15	雲林縣	0.41
16	新竹縣	0.38
17	苗栗縣	0.37
18	嘉義縣	0.33
19	南投縣	0.32
20	臺東縣	0.21
21	金門縣	無公路資料
22	連江縣	無公路資料

表六　每公里道路急性一般病床數（全國平均 1.76）（本研究整理）

排名	縣市名稱	一般急性病床數／公路 km
1	臺北市	10.45
2	嘉義市	3.55
3	新竹市	3.07
4	高雄市（改制後）	2.47
5	桃園縣	2.36
6	臺中市（升格後）	2.26
7	基隆市	2.12
8	新北市	2.01
9	彰化縣	1.57
10	宜蘭縣	1.39
11	臺南市（升格後）	1.08
12	苗栗縣	0.96
13	屏東縣	0.91
14	澎湖縣	0.89
15	花蓮縣	0.87
16	嘉義縣	0.76
17	雲林縣	0.71
18	新竹縣	0.66
19	南投縣	0.54
20	臺東縣	0.54
21	金門縣	無公路資料
22	連江縣	無公路資料

就醫之路好遠，好辛苦

表七　每平方公里面積執業醫師數（全國平均1.22）（本研究整理）

排名	縣市名稱	醫師數／sq·km面積
1	臺北市	33.17
2	嘉義市	14.26
3	新竹市	7.22
4	基隆市	5.33
5	桃園縣	2.99
6	臺中市（升格後）	2.80
7	新北市	2.44
8	彰化縣	2.00
9	高雄市（改制後）	1.98
10	臺南市（升格後）	1.55
11	澎湖縣	1.07
12	雲林縣	0.78
13	連江縣	0.52
14	屏東縣	0.43
15	金門縣	0.38
16	嘉義縣	0.37
17	苗栗縣	0.34
18	新竹縣	0.33
19	宜蘭縣	0.31
20	花蓮縣	0.17
21	南投縣	0.17
22	臺東縣	0.08

表八　每平方公里面積急性一般病床數（全國平均 1.96）（本研究整理）

排名	縣市名稱	一般急性病床數／sq‧km 面積
1	臺北市	48.60
2	嘉義市	28.60
3	新竹市	12.46
4	基隆市	9.85
5	桃園縣	5.31
6	臺中市（升格後）	4.28
7	彰化縣	3.32
8	高雄市（改制後）	3.26
9	新北市	2.81
10	臺南市（升格後）	2.21
11	澎湖縣	1.82
12	雲林縣	1.35
13	屏東縣	0.94
14	苗栗縣	0.87
15	宜蘭縣	0.85
16	嘉義縣	0.85
17	金門縣	0.71
18	連江縣	0.69
19	新竹縣	0.58
20	花蓮縣	0.30
21	南投縣	0.28
22	臺東縣	0.20

就醫之路好遠，好辛苦

表九 分析方式與結果比較表（本研究整理）

分析方式	醫療資源充足	醫療資源不足
新 DEA 模式	臺北（臺北市、新北市、基隆市）、宜蘭縣、桃園縣、臺中（臺中市、臺中縣）、臺南（臺南市、臺南縣）、臺東縣、花蓮縣及澎湖縣	南投縣、屏東縣、苗栗縣及彰化縣
每萬人口執業醫師數（每萬人口執業醫師數 16.72 人）	臺北市、嘉義市、花蓮縣、臺中市（升格後）、高雄市（改制後）、基隆市、桃園縣、臺南市（升格後）、新竹市	彰化縣、連江縣、宜蘭縣、雲林縣、澎湖縣、屏東縣、南投縣、嘉義縣、新北市、臺東縣、苗栗縣、新竹縣、金門縣
每萬人口急性病床數（每萬人口急性一般病床為 32.35 床）	花蓮醫療區、宜蘭醫療區、嘉義醫療區、臺中醫療區、高雄醫療區、桃園醫療區	臺東醫療區、臺北醫療區、屏東醫療區、苗栗醫療區、基隆醫療區、彰化醫療區、臺南醫療區、澎湖醫療區、雲林醫療區、新竹醫療區、南投醫療區、金馬地區
每萬人口急性病床數所在縣市內無醫學中心或重度級急救責任醫院，且一般急性病床開放數未達每萬人口 32 床之地區	嘉義市、臺北市、花蓮縣、宜蘭縣、臺中市（升格後）、高雄市（改制後）、基隆市、桃園縣	新竹市、臺東縣、屏東縣、嘉義縣、苗栗縣、彰化縣、臺南市（升格後）、雲林縣、澎湖縣、南投縣、連江縣、新竹縣、新北市、金門縣
每公里道路執業醫師數（全國平均 1.10 為基準點）排除金門縣、連江縣	臺北市、新竹市、嘉義市、新北市、高雄市（改制後）、臺中市（升格後）、桃園縣、基隆市	彰化縣、臺南市（升格後）、澎湖縣、宜蘭縣、花蓮縣、屏東縣、雲林縣、新竹縣、苗栗縣、嘉義縣、南投縣、臺東縣
每公里道路急性一般病床數（全國平均 1.76 為基準點）排除金門縣、連江縣	臺北市、嘉義市、新竹市、高雄市（改制後）、桃園縣、臺中市（升格後）、基隆市、新北市	彰化縣、宜蘭縣、臺南市（升格後）、苗栗縣、屏東縣、澎湖縣、花蓮縣、嘉義縣、雲林縣、新竹縣、南投縣、臺東縣
每平方公里面積執業醫師數（全國平均 1.22 為基準點）	臺北市、嘉義市、新竹市、基隆市、桃園縣、臺中市（升格後）、新北市、彰化縣、高雄市（改制後）、臺南市（升格後）	澎湖縣、雲林縣、連江縣、屏東縣、金門縣、嘉義縣、苗栗縣、新竹縣、宜蘭縣、花蓮縣、南投縣、臺東縣

表九　分析方式與結果比較表（本研究整理）（續）

• 每平方公里面積急性一般病床數（全國平均 1.96 為基準點）	臺北市、嘉義市、新竹市、基隆市、桃園縣、臺中市（升格後）、彰化縣、高雄市（改制後）、新北市、臺南市（升格後）	澎湖縣、雲林縣、屏東縣、苗栗縣、宜蘭縣、嘉義縣、金門縣、連江縣、新竹縣、花蓮縣、南投縣、臺東縣

三、醫療資源分配補強措施現況

早期私立醫療機構之設立完全依投資者之經營考量，後來衛生署推動醫療網計畫，開始有所規範與限制，衛生署從民國 75 年至 89 年，推動第一、二、三期醫療網計畫，民國 90 年至 93 年，推動第四期醫療網計畫（新世紀健康照護），民國 94 年至 97 年，推動第五期醫療網計畫（全人健康照護），民國 98 年開始推動第六期醫療網計畫，都將充足醫事人力與均衡醫療資源列為重要工作項目，全民健保實施後，部分地區民眾反應繳交相同保費，卻無法享受相同醫療服務，因此中央健保局也推出醫療資源補強措施，補強措施是否能真正符合民眾需求，需要進一步評估，但是可以肯定的是一定比沒有做來的好。

中央健康保險局 101 年 5 月 28 日健保醫字第 1010073108 號公告「全民健康保險醫療資源不足地區之醫療服務提升計畫」，計畫目的：為強化離島地區、山地鄉及健保醫療資源不足地區之民眾在地醫療，減少就醫奔波之苦，以點值保障該等區域或鄰近區域之醫院，使其具備較佳醫療提供之能力，並加強提供醫療服務及社區預防保健，以增進

民眾就醫之可近性。申請醫院資格以設立於全民健保醫療資源不足地區（鄉鎮）之醫院與「緊急醫療資源不足地區急救責任醫院」之地區級醫院為主。以正面表列方式，明列申請醫院名單，以雲林縣及嘉義縣為例，雲林縣分別為斗南鎮福安醫院，土庫鎮蔡醫院，麥寮鄉長庚醫院，嘉義縣分別朴子市署立朴子醫院，竹崎鄉臺中榮總灣橋分院，補足點值方案立意甚佳，但是要求申請醫院必須承諾強化特定醫療服務，包括提供 24 小時急診服務與提供內科、外科、婦產科及小兒科之門診及住院醫療服務，則形成另一種門檻，我想除了麥寮鄉長庚醫院與朴子市署立朴子醫院外，其他醫院大概只能望文興嘆。

行政院衛生署 100 年 3 月 21 日衛署健保字第 1000005667 號函核備「100 年醫院總額結算執行架構之偏遠地區醫院認定原則」對於特約醫院符合一致性原則或分區增列認定原則者，得列入 100 年醫院總額結算執行架構之偏遠地區醫院，該等醫院當年各季浮動點數以前一季各分區門住診平均點值核付費用，惟結算後如前一季該分區門住診平均點值小於當季浮動點值，該分區該季偏遠地區醫院之浮動點數以當季浮動點值核付，且增加之費用於次季該分區一般服務預算中支應。在一致性原則下符合的地區為雲林縣（無），嘉義縣阿里山鄉、大埔鄉、梅山鄉、番路鄉，在這些地區僅有少數診所，並沒有設立醫院。

中華民國 88 年 10 月公告「全民健康保險山地離島地區醫療給付效益提昇計畫」，以改變保險支付方式，鼓勵醫療

院所至山地離島地區提供各項健保醫療服務,增加醫療服務供給,提升保險對象醫療照護可近性。南部地區實施範圍,雲林縣(無),嘉義縣阿里山鄉,高雄縣茂林鄉、桃源鄉、三民鄉,屏東縣三地門鄉、霧臺鄉、瑪家鄉、泰武鄉、來義鄉、春日鄉、獅子鄉、牡丹鄉,委託有意願之醫療院所擔任計畫執行中心,負責整合該地區內之醫療資源並提升該地區保險對象醫療照護可近性,也就是大家所通稱的山地地區醫療整合式服務(IDS,Integrated Delivery System)。

101年1月3日健保醫字第1010072409號公告「101年度全民健康保險醫院支援西醫基層總額醫療資源不足地區改善方案」,鼓勵地區級以上醫院至本方案施行區域提供巡迴醫療服務,包括:專科巡迴、提供行動不便或獨居老人到宅醫療或疾病個案管理服務。施行地區採用健保局正面表列之各縣市中特定鄉鎮,計畫案中並未說明正面表列之依據,1月公告總計31個鄉鎮,3月再公告增加4個,總計35個鄉鎮,鼓勵方式為診察費加成、醫事人員報酬,包括巡迴醫療服務醫師之報酬(4,500-5,500元/每診)與配合醫師進行巡迴醫療之護理人員或藥師之報酬(1,200-1,700元/每診),名單中以雲林縣及嘉義縣為例,雲林縣土庫鎮、莿桐鄉、林內鄉、麥寮鄉、臺西鄉符合條件,而嘉義縣則無任何鄉鎮符合條件。

依表九所顯示,不管用哪種評估方式,醫療資源不足的地區以南部與東部縣市較多,這些縣市不僅醫療資源的供給相對比北部地區縣市少,另外還有公共運輸服務較不足,老人人口比率較高等等特性,醫療服務是人對人的服務,因

此要提升醫療服務的可近性,如果不是醫師移動(如巡迴醫院),就是病患移動(自行到醫療機構),如果病患要移動,在南部地區因為公共運輸服務較不足,醫療服務的可近性就比北部地區差,目前尚無研究探討縣市別民眾就醫路程里程數,但是本研究立意取樣訪談雲嘉南地區血液透析業者,在不同地區血液透析中心所服務的病患來源分析,如表十,除嘉義市外,其餘鄉鎮血液透析中心均有超過一半來自外地,也就是非當地病患,來自外地的病患中有超過半數到三分之二以上是因為病患居住地無血液透析中心,換句話說這些病患是「被迫」每週三次長途跋涉到隔壁鄉鎮接受血液透析服務,另外根據國民健康局96年「臺灣中老年身心社會生活狀況長期追蹤(第六次)調查」,65歲以上老人自述經醫師診斷罹患二種以上慢性病的百分比為71.67%,慢性病患者、癌症患者、復健患者都是就醫頻率相當高的族群,交通問題是影響他們醫療服務的可近性的重要因素。

表十　血液透析中心病患來源分析(本研究整理)

OO透析中心所在位置	接受透析服務人數	當地病患比率	外地病患比率	外地病患居住地有透析中心比率	外地病患居住地無透析中心比率
嘉義市	233	63.5%	36.5%	18.4%	18.1%
斗南鎮	115	49%	51%	27%	24%
白河區	87	36%	64%	8%	56%
竹崎鄉	56	55%	45%	12%	33%
民雄鄉	76	48.6%	51.4%	19.9%	31.5%

四、醫療資源分配補強措施建議可討論的方案

(一) 透過評鑑(推力)

　　醫策會自 101 年起在醫學中心五大任務指標中加入「自 101 年起「鼓勵」醫學中心支援偏遠離島醫療資源不足地區醫院,提升醫療水準及品質,使之通過中度級急重症醫院及醫院評鑑優等醫院之計劃」,並自 104 年起成為通過醫學中心必要條件之一。目前,馬偕醫院在臺東設分院,三軍總醫院支援澎湖醫院,臺北榮總支援金門醫院,慈濟醫院設置花蓮玉里分院、臺東關山分院,高醫支援署立屏東、恆春醫院,臺大醫院支援前署立竹東醫院(現已改制為臺大醫院竹東分院),成大醫院支援署立新化分院,臺北市立聯合醫院、萬芳醫院支援馬祖醫療,都值得尊敬與表揚。(引自 2012 年 1 月 31 日衛生署新聞:鼓勵醫學中心支援提升醫療資源缺乏醫院之急重症照護)。透過評鑑「鼓勵」醫學中心支援偏遠離島醫療資源不足地區醫院除了需要持續推動外,是否可以擴大辦理?

1. 例如:可以透過評鑑「鼓勵」醫學中心進行垂直整合區域醫院、地區醫院,形成醫療網絡,透過醫學中心雄厚的醫事人力資源,支援區域醫院、地區醫院,深入醫療資源缺乏地區,提供基本醫療服務,提升醫療服務的可近性與選擇性。

2. 例如：針對沒有醫學中心的縣市，可以透過評鑑「鼓勵」當地區域醫院必須認養醫療資源缺乏地區，支援基層診所或實施一定診數的巡迴醫療，再搭配點值保障措施，深入醫療資源缺乏地區，提供基本醫療服務。
3. 例如：針對血液透析患者超過一定人數之特定鄉鎮，鼓勵設置血液透析中心，再搭配點值保障措施，鼓勵病患就近接受血液透析服務，透過血液透析評鑑督促或責成血液透析中心提供整合式照護計畫。

（二）提供誘因（拉力）

在南部地區的醫療院所，考量南部地區公共運輸服務較為不足，大部分醫院均提供醫療專車或接駁車，是否可能以公費補貼汽柴油為誘因整合各醫院醫療專車構成交通網絡？或是協調公共運輸業者於醫療院所設置招呼站或是延伸行車路線？或者是由特定單位出面整合計程車提供醫療共乘專車？

（三）修改相關規定或法令，讓巡迴醫療更有彈性，更有效率

1. 例如：101年1月3日健保醫字第1010072409號公告「101年度全民健康保險醫院支援西醫基層總額醫療資源不足地區改善方案」，其中巡迴服務相關規定，是否有必要規定這麼多？是否可能放寬？讓醫院支援西醫基層之巡迴醫療更有彈性，更有效率？

2. 巡迴點規定：可執行本方案巡迴醫療服務時間：每天 8:00～22:00。每一時段（次）三小時；每一巡迴點一天至多一時段（次），每週至多三次。

3. 巡迴醫事人員規定：每位醫師一天以一次為原則，每週至多三次；醫師每次巡迴每個巡迴點至少一小時、每天至多三個巡迴點。同一醫師同一看診地點以每週看診一次為原則，又同一巡迴地點每週之看診醫師如同一科別，則宜固定同一位醫師。配合醫師進行巡迴醫療護理人員或藥師服務時段：每天至多兩次。

參考文獻

1. Le Grand, J. (1991). *Equity and Choice: An Essay in Economics and Applied Philosophy* (London: Harper Collins), p. 87.

2. National Co-ordinating Centre for NHS Service Delivery and Organization R & D (NCCSDO) (2001). *Access to Health Care*, p. 6.

3. Penchansky, R., & Thomas, J. W. (1981). "The Concept of Access: Definition and Relationship to Consumer Satisfaction." *Medical Care*, Vol. 19, No. 2, pp. 127-140.

4. 林進財、陳啟斌、吳文祥、陳稚均（2006）。〈臺灣地區實施全民健康保險後醫療資源公平性之研究〉，《環境與管理研究》，7卷 2 期，頁 53-66。

5. 〈【改制後】縣市人口概況重要統計指標〉，《中華民國統計資訊網》，http://ebas1.ebas.gov.tw/pxweb/Dialog/varval.asp?ma=CS0201A1A&ti=&path=../database/CountyStatistics/&lang=9

6. 〈【改制後】縣市土地面積重要統計指標〉,《中華民國統計資訊網》,http://ebas1.ebas.gov.tw/pxweb/Dialog/varval.asp?ma=CS0101A1A&ti=&path=../database/CountyStatistics/&lang=9

7. 〈【改制後】縣市醫療資源重要統計指標〉,《中華民國統計資訊網》,http://ebas1.ebas.gov.tw/pxweb/Dialog/varval.asp?ma=CS2701A1A&ti=&path=../database/CountyStatistics/&lang=9

8. 〈【改制後】縣市公共建設重要統計指標〉,《中華民國統計資訊網》,http://ebas1.ebas.gov.tw/pxweb/Dialog/varval.asp?ma=CS2001A1A&ti=&path=../database/CountyStatistics/&lang=9

9. 〈住院醫療費用核付點數狀況──按業務組縣市別分〉,《行政院衛生署中央健康保險局資訊網》,http://www.nhi.gov.tw/webdata/webdata.aspx?menu=17&menu_id=661&webdata_id=3418&WD_ID=689

10. 〈門診醫療費用申報狀況──按總額部門別及縣市別分〉,《行政院衛生署中央健康保險局資訊網》,http://www.nhi.gov.tw/webdata/webdata.aspx?menu=17&menu_id=661&webdata_id=3418&WD_ID=689

回　應

蘇清泉
立法院立法委員
中華民國區域醫院協會理事長

一、前言

　　醫療資源分配與公平正義向來是備受政府和醫療、社福等社會各界人士關注的重大議題。因為臺灣各區域發展不均衡，醫療資源分配也有明顯區域性的差異，依據行政院衛生署中華民國 101 年 7 月 11 日公告：修正「醫療資源缺乏地區及經濟困難者之範圍」。明文定義醫療資源缺乏地區為下列地區：（一）所在縣市內無醫學中心或重度級急救責任醫院，且一般急性病床開放數未達每萬人口 32 床之地區。（二）依醫院設立或擴充許可辦法第五條所劃分醫療區域之次醫療區域內，其急救責任醫院數一家以下之地區。若依一般急性病床開放數未達開放每萬人口 32 床之標準，則屏東縣、嘉義縣、臺南市（升格後）等南部縣市皆在醫療資源缺乏地區之列。因此，如何針對這些區域實行醫療資源分配補強措施？以下分為兩大部分探討：其一，補充當地醫療資源。其二，保障偏鄉急重症醫療品質。

二、強化偏鄉醫療照護——補充當地醫療資源

補充當地醫療資源，可從四個面向著眼：地方養成公費生制度、提供24小時急性醫療服務並使專科醫療具可近性、推動山地離島及原住民地區醫療之資訊化、醫院支援西醫基層總額醫療資源不足地區改善方案。

過往一般公費生制度所培育的醫生，畢業後分發至醫療資源缺乏區服務二～四年後（98年停招），僅有2.7%繼續留任該地區，顯見此制度只有分發效應沒有留任效應。然而，「地方養成公費生制度」，為充實原住民族及離島地區在地人力公費培育各類醫事人員，於畢業完成訓練後，返回當地服務七年，根據統計，58年至101年服務期滿之地方養成公費生，高達72%的比例續留當地服務。由此可見，地方養成公費生制度在強化偏鄉醫療照護補充當地醫療資源上，成效頗佳。但仍有兩個問題，其一：留置獎勵措施、薪資加給獲保障、生活補貼、繼續教育訓練、緊急支援系統等需更完善配套。其二：當地醫療設備需要增添，以因應當地醫療需求。這些問題還需大家群策群力，共同解決。

第二是「提供24小時急性醫療服務並使專科醫療具可近性」。中華民國88年10月公告「全民健康保險山地離島地區醫療給付效益提昇計畫」，以改變保險支付方式，鼓勵醫療院所至山地離島地區提供各項健保醫療服務，增加醫療服務供給，提升保險對象醫療照護可近性，通稱為山地地區

醫療整合式服務（IDS，Integrated Delivery System）。由24家醫療團隊至48個山地離島，提供定點門診、24小時急診、夜間門（待）診、專科門診等醫療服務，減輕南部地區因公共運輸服務較不足，醫療服務的可近性較差的問題。

第三，是「推動山地離島及原住民地區醫療之資訊化」。根據衛生署資料，為強化醫療資訊化（HIS）系統，使完整的醫療照護品質深入山地離島偏遠部落，採分年分階段方式建置，已於95年至100年在宜蘭縣等15縣48家衛生所308個巡迴醫療點完成建置。另建置醫療影像傳輸系統（PACS），分年分階段建置32家衛生所PACS系統（含跨區調閱系統），與大型醫院連線，透過專科醫師支援，增加醫療影像之確診，以減少轉診後送，提供即時衛生所醫療診斷，避免重複使用醫療資源，以提升醫療服務之品質。

第四，「醫院支援西醫基層總額醫療資源不足地區改善方案」。為強化偏遠地區醫療資源，藉由額外經費投入，鼓勵地區級以上醫院至西醫基層診所未提供開業或巡迴服務之醫療資源缺乏地區提供醫療及相關保健服務，包括：專科巡迴、提供行動不便或獨居老人到宅醫療或疾病個案管理服務。101年參與醫院在臺北區的有10家，北區4家，中區10家，南區6家，高屏區9家，東區3家，一共42家。以屏東安泰醫院為例，在萬巒鄉、竹田鄉、枋山鄉、南州鄉落實巡迴醫療，100年度使用此服務的民眾整體滿意度達93%，可見民眾對於本計畫執行持有高度認同。

三、強化偏鄉醫療照護——保障偏鄉急重症醫療品質

醫療資源分配補強措施中，本文討論的第二個部分乃「保障偏鄉急重症醫療品質」，可分成三大面向：醫療資源不足地區之醫療服務提升計畫、特殊急重症照護中心之成立與運作計畫、鼓勵醫學中心支援提升醫療資源缺乏醫院之急重症照護。

「醫療資源不足地區之醫療服務提升計畫」強化偏鄉民眾在地醫療，減少就醫奔波之苦。以點值保障該等區域或鄰近區域之醫院，具備較佳醫療能力。加強提供醫療服務及社區預防保健，增進民眾就醫可近性。經審查通過之醫院，其醫院總額一般服務部門（不含門診透析）自保障月起，納入結算之核定浮動點數，扣除住診呼吸器及門、住診精神科案件之申請醫療點數後之點數，以浮動點值補足至每點一元支付，惟每家醫院全年最高以 1,500 萬元為上限，最低補助 900 萬元。截至 101 年 7 月 31 日，符合申請資格 78 家醫院，其中 37 家已通過審查符合保障資格，4 家醫院審查中，11 家目前列入分區平均點值保障，有 19 家醫院表達不申請，尚未申請者有 7 家，未申請（不申請＋尚未申請）比率達 33%。

另外，「特殊急重症照護中心之成立與運作計畫」亦是重要方案，依據醫療法第 91 條及醫療事業發展獎勵辦法。申請醫院之資格乃位於苗栗縣、新竹縣、南投縣、雲林縣、屏東縣、臺東縣、澎湖縣、金門縣及連江縣等九個縣市之急救

責任醫院。獎勵申請醫院以成立外傷、心血管、腦中風、周產期、急診、兒童重症等照護中心為重點，每家申請醫院至多選擇二項重點，且每縣市每一種特殊急重症照護中心僅獎勵一家醫院成立。申請醫院依所規劃發展重點，除了充實相關之專科醫師人力、辦理相關醫事人員訓練，與特殊照護中心之設施以外，應與縣內或縣外其他醫療機構建立醫事人員支援合作計畫（包括遠距醫療與影像判讀等），且應簽訂合約，並應有轉診後送協調機制。衛生署補助經費為計畫總經費之 70%，申請醫院需自行負擔計畫總經費之 30% 作為配合款。獎勵經費項目與內容：申請成立一個特殊照護中心以每年度新臺幣 2,000 萬元為上限，申請成立兩個特殊照護中心以每年度新臺幣 3,000 萬元為上限。

此外，臺灣雖有 19 家高水準醫學中心，醫療不均、城鄉離島醫療水準差距仍甚嚴重。如果走遍偏遠離島地區，仍不斷可以聽到甚多因醫療缺乏不足而喪生的不幸事件，令人痛心。因此「鼓勵醫學中心支援提升醫療資源缺乏醫院之急重症照護」的方案因應而生。自 101 年起，醫學中心五大任務指標中加入「自 101 年起『鼓勵』醫學中心支援偏遠離島醫療資源不足地區醫院，提升醫療水準及品質，使之通過中度級急重症醫院及醫院評鑑優等醫院之計畫」，並自 104 年起成為通過醫學中心必要條件之一。重要的偏遠離島醫療資源不足地區醫院，將可獲醫學中心支援而成中度級急重症醫院，可執行較為複雜之急重症醫療技術，並進行重大或多重外傷等治療，將可大幅減少病人因轉送、延遲而喪失寶貴生

命的憾事發生。衛生署特啟動醫療發展基金來支援,並加強急診醫療品質、加護病房照護品質、急性腦中風病患照護品質、急性冠心症病患照護品質、重大外傷病患照護品質、高危險妊娠病患照護品質。預計 103 年完成整體計畫。

四、結語

臺灣擁有傲視全球的醫療服務水準,透過全民健保,人人可擁有平價卻多元的健康保障。然而,目前的醫療資源不患寡而患不均。本文從資源較缺乏的南部著眼,闡述了有相關醫療資源分配的重要措施。未來尚需各界齊心協力,讓全體國民都能享有平等而優質的醫療服務。

回　應

吳彬安

臺南市立安南醫院委託中國醫藥大學興建經營副院長

　　個人自民國 69 年醫學院畢業，行醫已逾 33 載。除了在北部幾年的訓練與服務，屈指回顧，超過 27 年頭都是在南部行醫。個人深深感受到醫療確實存在著南北差距與城鄉差距。在民國 60～70 年代，因南部醫療資源較北部匱乏，許多現在看似很平常的手術暨醫療，住在南部經濟狀況較好者，都希望往北部大醫院如臺大、榮總、三總求診就醫或開刀。當然自從民國 65 年 12 月財團法人長庚醫院創立之後，逐漸帶動民間醫院蓬勃發展，且衛生署從民國 75 年至 89 年，推動第一、二、三期醫療網計畫，此現象已有大幅改善。

　　在民國 60 年代以前，臺灣公立醫療佔全部醫療資源的 70%，但如今恰恰相反，民間醫療機構提供的醫療已成為醫療產業的主力，民國 97 年已達到 70%，公立醫療機構反而僅佔 30%，而民間醫療機構提供的醫療資源中 48% 屬於財團法人機構。

　　依個人觀察及親身行醫經驗暨多年參與醫療行政工作體驗，醫療資源分配，南北差距與城鄉差距的確存在已久，站在民眾就醫權益的公平正義，確實值得深切探討。

分配與公平正義：南部觀點

　　由主筆人廖學志副院長所整理的資料表九中，其分析方式以各種不同指標來衡量醫療資源充足或醫療資源不足。如(1) 依新 DEA 模式、(2) 以每萬人口執業醫師數（每萬人口執業醫師數 16.72 人）、(3) 以每萬人口急性病床數（每萬人口急性一般病床為 32.35 床）、(4) 每萬人口急性病床數所在縣市內無醫學中心或重度級急救責任醫院，且一般急性病床開放數未達每萬人口 32 床之地區、(5) 以每公里道路執業醫師數（全國平均 1.10 為基準點）排除金門縣、連江縣、(6) 以每公里道路急性一般病床數（全國平均 1.76 為基準點）排除金門縣、連江縣、(7) 以每平方公里面積執業醫師數（全國平均 1.22 為基準點）、(8) 以每平方公里面積急性一般病床數（全國平均 1.96 為基準點）。或許這些指標可以衡量單一縣市或一級醫療區域、二級醫療區域、次醫療區域的醫療資源充足或醫療資源不足。但並不能完全凸顯某些地區醫療資源不足或缺乏重症醫療資源。

　　在過往的時光，個人行醫生涯中，都在公立醫院服務。曾經任職於衛生署旗山醫院、恆春醫院及朴子醫院。這些醫院均屬偏鄉暨偏遠地區，醫療資源相對匱乏。以國境之南──恆春半島為例：依據民國 99 年高雄醫學大學醫務管理學研究所，針對恆春半島的六個鄉鎮進行調查，發現在需求面，恆春半島赴外地就醫比例偏高，所以恆春地區醫院佔床比例較偏低；在供給面，處理重症醫療人力明顯不足，因此民眾對現有當地醫療院所提供的服務信心打折扣，也導致轉診比率偏高。調查發現，全國每位西醫師平均服務人數為 641 人，

較恆春半島高出近 3 倍,每萬人口急性病床數,全國平均值是 32 床,恆春半島僅及一半;包括心血管疾病、腦中風、車禍傷害等急重症的死亡率,均高出全國平均值,急重症的各項醫療資源也遠低於全國平均數。另調查顯示,恆春半島地區病患赴屏東北部、高雄地區就診雖要多花一至兩個多小時,赴外地就醫的比例還是偏高,到縣外住院的比例,甚至比縣內高出一倍;屏南恆春半島病人到縣外看心臟血管科別疾病的有 7,000 多人次、屏北地區有 4,000 多人次。另根據屏東縣衛生局統計,全縣有 619 家診所、26 家醫院,但是恆春半島最缺的就是急重症醫療救護團隊,因地緣因素,醫院即使是重金禮聘,都不一定留住人才。

「從恆春到屏東的距離大約 100 公里,100 公里有多遠?就如同從基隆到新竹」,很多人以為同在一個縣內,「不會太遠」,但是如有急重症病患需要後送,從恆春到屏東,就像從基隆到新竹一樣遠,救護車轉診後送在蜿蜒的山路上奔波,距離就是很大的問題。屏東縣地形狹長,山地離島不止是琉球和原住民鄉而已,但恆春半島非離島,卻有離島的距離,衛生署分發公費生醫師到恆春地區服務沒有離島加給,且服務年限沒有比照離島減半,距離卻比搭飛機到離島還遠,不少同齡公費醫師都搶著要到福利優渥的金門,卻很少願意到恆春,加上長年病患人數不足,缺乏績效補貼誘因,都是讓醫師們對恆春半島卻步的原因。恆春當地雖有三家醫院,但是屏東縣衛生局評估整個半島的醫療資源,認為最缺乏應是急重症救護團隊,才能彌補緊急醫療網的不足,否則一旦

遇到重大傷病需要後送，要與生命拔河百公里，距離真的太遙遠了。如同今天的主題：就醫之路好遠，好辛苦！

　　南部醫療資源分配事實上除恆春半島外，仍有其他偏鄉或山地鄉有許多類似的問題，如雲林北港，嘉義沿海鄉鎮，東石、布袋、朴子及靠山的阿里山鄉等。至於偏鄉或偏遠地區的醫療資源及醫療資源分配與公平正義之解決之道，除了仰賴民間醫療資源外，民間醫療機構對於無利可圖的偏鄉或偏遠醫療事實上是沒有興趣的。因此，政府公權力介入偏鄉或偏遠醫療應為當務之急且責無旁貸。譬如以醫學中心評鑑為由，以醫學中心急重症人力，介入協助支援偏鄉或偏遠離島醫療，對已接受完整訓練的公費醫師優先且提高待遇分發至偏鄉或偏遠離島服務，另外補助偏鄉或偏遠離島醫療居民交通費等等應該是現階段可行的做法。使偏鄉或偏遠離島居民可以感受到有受到政府關愛的眼神，不再感受到就醫之路好遙遠，好辛苦！

回　應

陳信水

中國醫藥大學北港附設醫院副院長

　　拜讀廖副院長就醫之路好遠，好辛苦的文章後，感覺上鬆了一口氣，因為多年來一直困擾的問題似乎有一些方向。個人到雲林中醫大北港附設醫院服務也邁入 17 個年頭，以在鄉下服務的醫師而言，事實是醫療資源的分配不公平一直存在，但是各種學者與政府機關所做的報告卻都搔不到癢處，以致假公平永遠存在，真公平不知在何處。廖副院長在文章中提出另外的思維來討論一直在偏鄉醫界存在的實際情形，無疑是提供另一種撥雲見日的方法。也希望藉此能對當政者提供更加務實的政策參考。

　　個人比較喜歡用城鄉來談醫療的分配公平與就醫正義，無論南北皆有相同的問題。南部尤其嚴重乃因其先天以農業為主，地廣人稀，外移人口嚴重，老化嚴重，經濟弱勢。廖副院長整理的表九可將各種方式精髓做了全盤比較。以往以萬人人口醫師數與急性病房數來評估醫療資源充足與否的方式在實際上無法呈現真實民眾在就醫時的可近性與公平性，它代表的僅是數據上的公平。事實是無法利用的資源等於沒有，因此對偏鄉而言數據的結果是集中的醫療資源，而非公

平的就醫環境。林先生的新 DEA 模式立意甚佳但卻仍無法呈現較正確的資源分布狀況，實為可惜。由此可知純學術不僅無法有助於政策擬定，甚而因導出錯誤結論影響政策的可怕。

　　所有模式的發展都應以實務做基礎才有價值。廖副院長以單位面積與單位公里所含有的醫療資源來做輔助，是對於就醫方便性與可近性加上比較客觀的評量方法。其與原本萬人人口的政策版本交叉比對後發現與實際的當地醫療面有頗接近的結果。（臺東縣、花蓮縣、新竹縣、苗栗縣、雲林縣、嘉義縣、南投縣、宜蘭縣、屏東縣）

　　城鄉間的差距與醫療資源的不公平，稍做整理後可歸類以下數點：

一、城鄉存在的先天差異

　　城市與鄉村先天於形成中就有差異，城市不外偏重工商，鄉村偏農林漁類。鄉村經濟條件相對弱勢（表一），因此須求健保資源更加孔急，因此健保的可近性也相對重要。然而鄉村卻往往因為幅員廣闊與大眾運輸不便可近性相對差，加上多為老年人與知識不足，因此勢必影響其就醫意願與就醫權利。

二、城鄉醫療上的差異

　　以往對於醫療資源的充裕與否皆依每萬人人口數所分配的資源來做評估的標準，表面上似乎公平，實際上它存在著

資源分配不均的盲點。此狀況在以城鄉做為比較時，將更為明顯。同樣是 1 萬人分配 5 位醫師，與 1 萬人分配 30 張急性病床，其代表的意義就大不同。城市因人口密度高，此一萬人就醫的可近性勢必比鄉村要好。相同問題出現在醫療提供者，就是醫師、護理與其他醫事人員招募困難且成本高；其他各項資源供給成本也相對較高且較不足（物流，保養服務成本高，願提供者寡……）。以上種種導致鄉村因人力、設備不足而開床數低，相對於民眾就是就醫的公平性降低。私立醫院的經營由其困難，其除了要面臨以上困難外，相對於許多政府政策仍要配合，公立醫院在政策上的執行實應盡更多責任。

表一 大部分醫療資源缺乏區其自有財產比率低，表示為相對經濟弱勢，但並未因此有就醫上的相對幫助

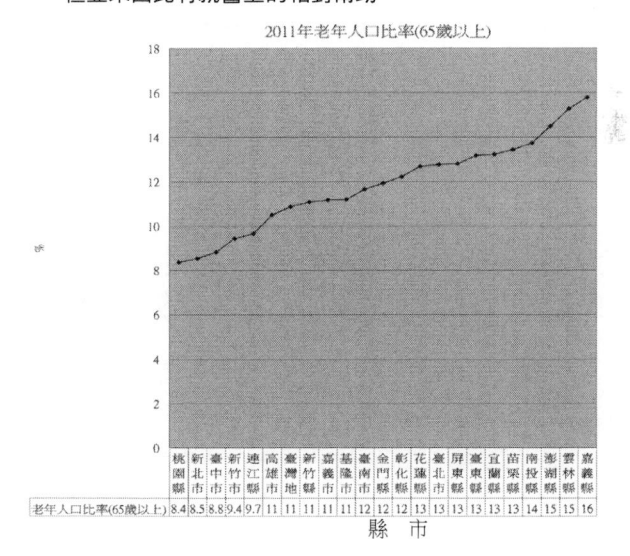

縣市	桃園縣	新北市	臺中市	新竹市	連江縣	高雄市	臺灣本地	新竹縣	嘉義市	基隆市	臺南市	金門縣	彰化縣	臺東縣	花蓮縣	屏東縣	宜蘭縣	苗栗縣	南投縣	澎湖縣	雲林縣	嘉義縣
老年人口比率(65歲以上)	8.4	8.5	8.8	9.4	9.7	10	11	11	11	12	12	11	12	13	13	13	13	14	14	15	15	16

分配與公平正義：南部觀點

三、城鄉就醫者面的差異

　　偏鄉目前仍舊是以老年人口為主，其也是較需要醫療的一群（表二）。另外，因各器官已退化需要的是醫院的全方位服務，而急性症狀如：心血管疾病與腦血管疾病往往其治療是需要時效性，一旦喪失時效其殘留的後遺症往往需要家庭、社會、國家更多的資源來提供照顧。然而長輩多行動不便且獨居者多，又身於幅員廣闊與交通不便的鄉下，如沒有適當的交通工具其就醫是一件困難的事，也因此目前於鄉下地下電臺販賣藥物與密醫仍持續存在。人口老化的地方不表示是適合作為安養之處，也不盡是開辦安養或護理照護的地方，其會有這樣的錯覺乃是因為急性照顧的不公平性與就醫的不可近性，所導致後來長期照顧的需要。

表二　除了臺北市外，其餘醫療資源缺乏區大部分皆為人口老化嚴重區域

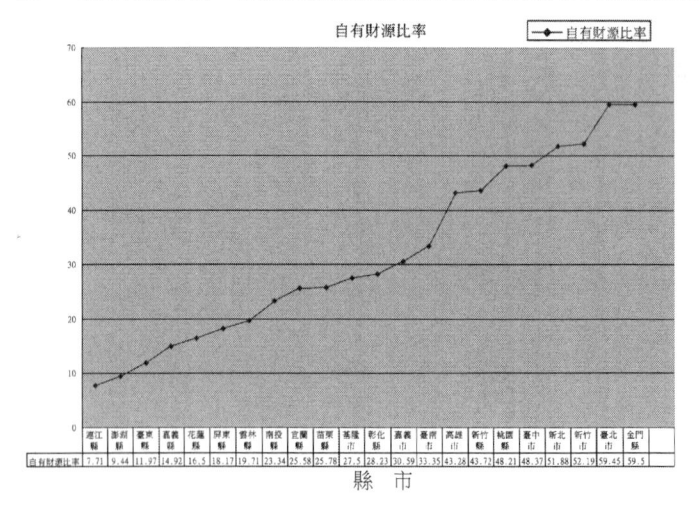

74

四、城鄉間健保的假公平

所有投保人的保費不因城鄉與就醫困難度而不同，但是就醫者卻因居住於城鄉（表三），就醫時所要付出的代價卻不相同（時間、交通費用），健保並未對此有相對的解決方案，反而是醫療提供者以病患就醫不便提供各種交通方式。對醫療提供者而言健保給付卻是城鄉皆同，但是提供者在城鄉的成本卻大不相同（醫事人員、物品耗材、提供交通等），健保局未曾主動思考兩者的差異。

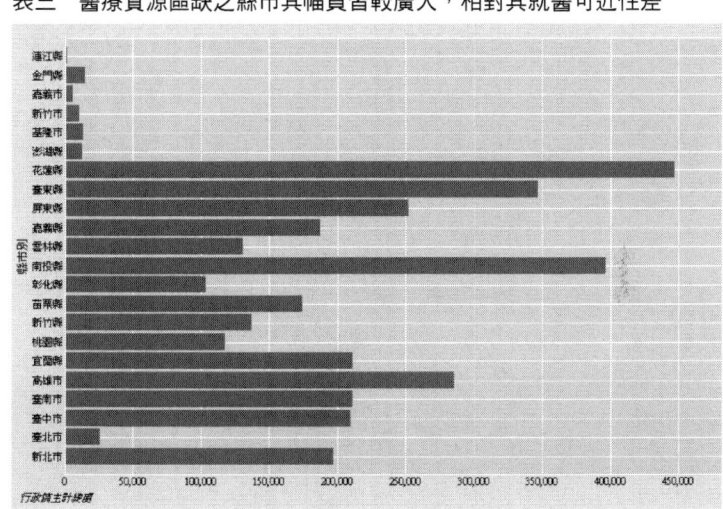

表三　醫療資源區缺乏縣市其幅員皆較廣大，相對其就醫可近性差

五、城鄉政策面的不公平

最近沸沸揚揚的護理人員與五大皆空的醫療危機，政策

上的提出鼓勵經費補助利益甚佳，但是卻又落入城鄉不分的窠臼，除了山地離島外完全不考慮偏鄉的差異，補助相同，試想在臺北市找到一位護理人員與雲林縣找到一位護理人員哪裡比較困難？一旦找到了，政府給的補助兩者卻相同，這樣如何算是公平呢？又如為了要提高服務品質減少護理工作人員辛勞，就在沒有配套的情況下修改醫療機構設置標準到區域醫院的等級，對於偏鄉醫療而言無疑是雪上加霜，未來對於偏鄉民眾就醫的權利勢必又會造成衝擊。如同現在提到的四大皆空，在偏鄉早已五或六大皆空了，現在才浮上檯面主要是因為都會區也面臨了相同問題，可見目前醫療環境的險峻。也更凸顯原本的城鄉不公平是受到多大的政策漠視。

六、結論

　　醫療資源如何分配公平其實是很困難的議題，但是廖副院長提供另外一個可近性與公平性的思考方式，無疑是提供另一種以在地實務的角度來增加評估的真實性。都會區的決策者能多一點實務考量，少一點政治，在做決策前能多聽聽偏鄉的聲音，讓醫療回歸專業，相信醫療資源的公平與正義才有漸漸達成的可能。

我國社福相關政策的人口學檢視

薛承泰
國立臺灣大學社會學系教授

一、前言

　　根據經建會的人口推計，如果只考慮人口自然成長，臺灣約在 2017 年人口零成長，約在 2025 年又回到目前 2,300 萬人口（見表一）。可以說未來 13 年之間，人口數量只會在 20 萬之內先增再減，然後回到目前人口數；且一旦進入負成長，就不會回來了，40 年之後臺灣地區總人口大約為 1,900 萬！雖然人口總數量在這 13 年間沒有明顯改變，人口年齡結構卻是呈快速變化，老人人口將從當前 256 萬占總人口 11%，上升為 474 萬占總人口約 20%，老幼比例則是從 1：1.4 轉變為 1.8：1。筆者特別挑選 2025 年和當前作為對照，即很容易看出這段期間人口年齡結構的變化。

　　根據行政院經建會 2012-2060 年所提出的人口低推計，2016 年時 65 歲以上老人人口數將和 15 歲以下的幼年人口相當，均約占總人口之 13%；相較於 30 年前，每 10 個小孩（15 歲以下）才有 1 位老人（65 歲以上），而 30 年後老人人數是小孩的四倍。臺灣地區自 1950 年代以來生育率持續下降以及平均餘命的提升，我們俗稱的人口金字塔，也不再像金字

塔,而是底部變小的花瓶。估計臺灣地區老人人口於 1993 年從 7%（高齡化社會）成長至 14%（高齡社會），只需要 25 年,從 14% 成長至 20%（超高齡社會）,也只需要 8 年（行政院經建會,2012）。這些數據,在在說明臺灣人口變遷速度驚人！除了人口將加速老化,家庭型態也隨著人口變遷產生了一些變化。一方面當家庭生育平均量減少,平均家戶人口數已降至三人左右,居住型態朝向「核心化」；另一方面因為老年人口增加,以及成年子女與老年父母共居意願的下降,也會影響到家庭組成型態,其中獨居長者與老年夫婦居住型態的增加（根據內政部 2009 年「老人狀況調查報告」結果,分別占 7.12 與 18.07）,更突顯出老人照顧的問題！

相較於世界的人口,根據美國人口普查局（United States Census Bureau）的統計,2012 年全球老人（65 歲以上）約 5.6 億,占 70 億人口的 8%,2025 年世界的人口估計約 80 億,老人可能占 11%。至於已開發國家,2012 年老人人口約 2 億,

表一　2011 與 2025 年基本人口統計

	2011 年	2025 年
總人口	23,224,912	23,149,873（不含遷移推計）
人口自然成長率	1.88	-1.3
兩性平均餘命	男：76.0 歲／女：82.7 歲	男：78.8 歲／女：84.8 歲
0-14 歲人口 %	15.1	11.2
15-64 歲人口 %	74	68.5
65 歲以上人口 %	10.9	20.3

資料來源：行政院經建會（2012）,「中華民國 2012 至 2060 年人口推計」——低推計

占已開發國家總人口（12.4億）的16.5%，到2025年已開發國家的人口估計約12.8億，老人約2.7億，占21.1%。換言之，臺灣當前人口高齡化程度高過於世界平均值，2025年和已開發國家相當，之後則將超越。究其原因，生育率快速的下降尤為重要（2003年總生育率已低於1.3人的「超低生育率」水準，2010年甚至出現0.9人的新低），此外，臺灣擁有明顯戰後嬰兒潮（1949-1964年出生）將陸續進入老年，更加快了未來十餘年高齡化的速度。

二、人口影響政策的三個例子

由於政府政策服務對象就是人，對於人口現象的掌握應為要務之一，尤其是在變遷速度快速時期，對於政策的影響會特別顯著。本文首先舉出三個例子（民國70年代軍公教的18趴，80年代的敬老福利津貼，與90年代的廣設高中大學），說明過去因忽略人口因素帶來今天的困境；其次，檢討當前正在推行的政策（全民健保改革與長期照護政策），是否也會受到人口因素的影響，作為討論的重點。

例一：民70年代軍公教的18趴

軍公教退休金的優利措施於民國50與60年代就已經實施，乃由於兩岸情勢仍相當緊張，軍公教薪資水準低且政府無力調薪的情況下，以附加50%的利息來表示「優利」，某種程度是政府對軍公教的一種「補償或安撫」。由於在那個年代，國人的平均餘命介於65-70歲之間，退休之後所領的

優利時間不會太長,對國家財政影響有限。即便到了民國70年代,政府把利息固定在18%(可能考慮到利息浮動,軍公教對於未來的保障會產生不確定與不公平),應不會想到民國70年代以後領18%的人仍有許多存活至今天,此外,利率到民國90年代之後降到2%以下,更是當年決策時所無法想像的。從這個例子來看,不是當時決策「錯誤」,而是忽略社會與人口變遷而缺少有效的調整機制。儘管民國80年代後這個現象開始受到注意,於是配合退撫新制實施,取消民國84年7月1日以後年資優惠存款措施;接著有所謂的「95方案」與「99方案」,其目的不外乎以調整優惠存款額度的方式,來降低近年來因社會變遷所產生的「過度優惠與政府負擔」。至民國101年6月15日止,領有18%的軍公教人數達42.3萬人之多,但從民國84年落日之後,可領取18%人數雖然還會上升,由於新的領取者之額度已大不如前,政府補貼的利息總額度於近年達最高點,未來可望逐年下降。由於這個措施已達半個世紀之久,從原本的對低薪軍公教的補貼性質,轉變成今天有人認為之「不當優惠」,確實在每段時空上所產生之意義不同,卻不能在每個軍公教身上一蓋而論的。

例二:民80年代的敬老福利津貼

敬老福利津貼(當時有人稱之為「老人年金」)最早為民國80年代初期,於地方選舉喊出的訴求,其理由以老人對國家社會有貢獻,政府應照顧其晚年生活,甚至學者抬出「福

利國家」概念來支撐其正當性。當時筆者即撰文認為不適當，主要是時機與環境不宜。因當時臺灣社會福利觀念才萌芽，民眾即會誤解以為社會福利就是拿錢，尤其和選舉掛勾，更形同「喊價式的社會福利」，至於能有多少福利效果，恐怕已不是重點。其次，照顧老人何以是「發錢」（in cash）的方式而不能是「提供服務」（in kind），後者不僅能直接受惠於長者，是進步社會該有的福利措施，也能創造就業機會，讓社福機構與團體有發展的機會。最後，民國82年臺灣老人占總人口7%，才要步入「高齡化門檻」，在世界上還算是人口年輕的國家，即便要發「敬老福利津貼」，未必是適當時機，太早實施發錢式的福利，較容易產生「福利依賴」（welfare dependency）現象。此外，當醫療科技不斷進步，20年後人們活到90歲以上的機會越來越普遍，當前臺灣有256萬老人，即以目前經建會的推計20年後約有600萬老人，每個人一輩子有近三分之一時間領「老人津貼」（目前已併入國民年金），政府必須在財務上預做準備，因其影響人數遠超過18%。

例三：民90年代的廣設高中大學

廣設高中大學政策雖然始於民國80年代中，因為當時高教淨在學率未達30%且初在學率未達50%，尚有提升的空間；但是到了民國90年代初，學齡人口數已大幅下降，淨在學率已突破50%，即便不再擴充高教，也將會在民國110年左右達到完全的升學率（淨在學率達70%）。很不幸的，當

時高教仍是繼續擴張,直到民國95年之後連續發生招生不足現象,大家才警覺到「大學過剩」,喊煞車已經來不及了。筆者從不反對給學生充分受教權與升學的機會,但政策不能因討好當下而忽略未來的發展。道理很簡單,因為成為一個大學生不是至少18歲嗎?換言之,在任何時間點決定大學的規模時,未來17年的大學生都已經生出來了,即便給予完全升學率來估計,可以很容易知道每一年入學新生人數。例如,去年(民國100年)全國生了196,627嬰兒,他們不就是5年後的小學新生,11年之後的國中新生,……而17年之後,這批人進入大學的上限是14萬人,就是那麼簡單而清楚!

從圖一可以清楚看到2025年進入大學的人口群乃為民國93-96年出生者,由於尚有一部分學生可能念五專、有一部分大學畢業後念研究所碩士或博士班,其出生年不在93-96年的範圍,因此我們擴大兩年,以91-96年共六年的完全升

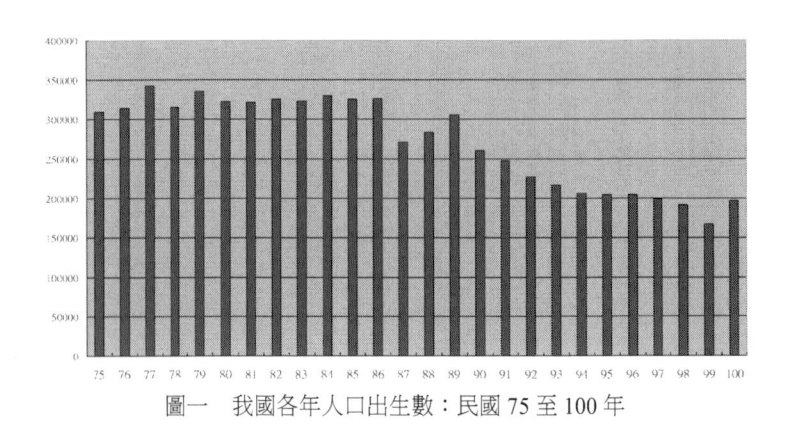

圖一　我國各年人口出生數:民國75至100年

學來估算「大專及以上學生」，那麼屆時最多 88 萬學生，相較於當前 135 萬人，只占了 64%。如何在未來幾年調整大專院校數，不論整併或退場，以因應近 50 萬學生的衰減，將是必須面對的議題。

三、從過去經驗來看全民健保與長照政策

前述「三大德政」何以到今天會變成國家社會極大的負擔呢？忽略人口現象是重要的解釋之一，人口現象包括數量、分布、組成、遷移……等，出生率、死亡率、平均餘命、結婚率、離婚率……也都是形成政策的重要考量因素；且因為這些資料均長期蒐集，趨勢的掌握也就相對容易，使得我們對未來的推計也就更為可靠。了解人口變遷對於政策的衝擊，多少可以避免「以今非古」，或以當下各自解讀的「公平性」來相互污名化，造成族群的對立，甚至世代間的緊張。如果大家都能理解社會經濟與人口變遷所導致的「當下正義」，有助於建立族群間的「同理心」而非「剝奪感」，那麼對議題的改革才較可能達成共識。例如，民國 70 與 80 年代經濟發展迅速時，軍公教薪資相對民間調整幅度較小，光是民間年終獎金或分紅更是令軍公教羨慕不已；相反地，在經濟景氣低迷時，當勞工薪資偏低甚至有失業的危機時，軍公教的保障與其福利也就會受到較多的關注。因此，問題的關鍵應在於從過去的經驗中了解脈絡，並從人口趨勢中學習，建立調整機制以因應長遠的未來發展。

分配與公平正義：南部觀點

（一）全民健保

既然我國健保制度令人稱羨，為何需要改革？究其原因，主要是財務危機與保費公平性。財務危機的發生涉及人口結構的高齡化與科技進步帶來需求與成本的上揚，當然醫療資源的浪費也是令人詬病的因素。至於保費的公平性，源自於健保作為「保險」卻仍含有「福利」的意涵，因此，原本按個人所得之不同級距繳交保費，[1] 即有賺多繳多的「再分配」，以及中低收入戶成員獲政府補貼之社福意義。可是個人賺多繳多未必是家戶的「賺多繳多」，原因在於家戶中受撫養成員可選擇投保依附對象，導致家戶中只有一位所得者須負擔所有家庭成員一致的保費，相對的，家庭中有多人所得，其他家庭成員可選擇依附在低所得者投保，繳交較低保費，反而形成戶與戶之間「賺多繳少」的不公現象。此外，對於無一定雇主者，收入差異甚大，也無法反應其中高所得者應「賺多繳多」的原則；因此，二代健保的改革主要目的之一，就是要強調以戶為單位的公平性。

不論當前的改革方案是否能改善前述諸問題，健保財務問題也不容忽視。根據衛生署民國 101 年 6 月 25 日資料，觀察 95 年至 101 年總醫療給付費用，95-97 年每年成長率高於 4.5%，98 年之後下降，100 年之成長率為 2.85%，但 101 年又回升至 4.31%。即使以 3% 之低成長率推計，102 年總醫療

---

[1] 自民國 99 年 4 月 1 日起，健保費率由 4.55% 調整為 5.17%，投保金額分級表上限提高至 182,000 元。

費用將達 5,455 億元，比 101 年多出 159 億元。根據衛生署說法，未來幾年每年醫療給付費用成長率推介於 3% 至 6%，若採 3% 低推計，人口結構（高齡化）因素將佔一半；換言之，按每年 1.5% 成長率計算，在其他因素控制在當前的水準下，光是高齡化在民國 114 年（2025）年的醫療支出就比民國 100 年高出一倍。

以民國 99 年來說，65 歲以上人口之健保醫療費用 1,783 億元（占當年總醫療費用之 34%），和十年前比較成長了 90%，但同期間 65 歲以上人口數僅成長近 3 成。進一步分析該年 80 歲以上老人，人口數為 60.5 萬人，10 年來人口數成長 1 倍，健保醫療費用計 558 億元，10 年來卻成長了 203%。以上資料顯示，年齡愈大健保支出也就愈高，且呈上拋曲線增加。由於高齡化不僅提升（65 歲以上）老年人口比例，更是增加了「老年人口」的比重，可見未來健保醫療支出僅高齡化因素，就會明顯提升。

從民國 84 年 3 月 1 日健保上路以來只不過 17 年的光景，雖然贏得世人美譽，卻看到逐漸顯露出財務的加重。大家都明白，這是因為我們的健保「包山包海」，相形之下，和我們差不多時間一起研究籌措全民健保的韓國，雖然沒有世人的稱羨，卻是細水長流，未來調整空間較具彈性。前面三個例子加上健保，可以讓我們今天正在推動的長期照顧服務法做為省思。

（二）長照政策

人口逐步高齡化是世界的趨勢，我國也不例外，因此，長期照顧相關措施早就見諸於老人、身障與衛政的法規中，且各地方政府也都依法在推動當中。民國89年臺灣老年人口占總人口 8.6%，並不算多，可是老人的照顧議題已開始受到重視；這不僅是因部分家庭缺少照顧人力，也因外籍看護引進，引發了一些照顧品質的問題，政府即著手「建構長期照護體系先導計畫」，政黨輪替後，展開一連串的研究，經過約六年，到民國96年4月才通過「長照十年計畫」，97年1月1日正式上路。經過三年推動經驗，政府不斷滾動式修正計畫的內容，鑑於長照相關措施散見於相關老人、身障與衛政的法規中，為了統整並以法來帶動制度的建立與強化資源的培育，於是由衛生署擬定「長照服務法」，於民國100年3月底行政院通過並送往立法院審議，101年2月因為立法院屆期不續審而重送立法院。

然而在這段時間，各界也透過不同管道表達多元的看法，特別因發生數件相關不幸案件，社會對於「長照服務法」期待甚高，使得立法院出現許多的版本，且都較行政院版「適用對象大、服務人員廣、服務項目多」，並認為「行政院版本」過於保守。其中較受到矚目的差異，主要在於對「失能」與「家庭照顧者」的看法，以及外籍監護工的法律規範。儘管有以上不同觀點，大家都一致關心長照服務體系是否能建立起來？此涉及各地區資源與長照服務人力的問題。根據近

年來學者專家的推計（王雲東，2009；鄭文輝、林志鴻，2004；吳淑瓊等，2004）、2010 年戶口普查以及兩年前衛生署執行之「長照需求調查」綜合判斷，目前因失能而需要長期照顧的國人約 48 萬人。人力部分則有 20 萬外籍看護工（19 萬在家庭中從事照護）；除了在長照相關機構約 11 萬人，約有 20 萬人由外籍看護工照護，那麼由家人來從事長期照顧者應有 17 萬人之多。

由於 2025 年總人口數將與當前相若，但 65 歲以上老人將有 474 萬（當中可能有 22% 為身障），身障同胞約有 250 萬（當中可能有 40% 為老人），需長期照顧估計約有 88 萬人。即以當前 17 萬家人照顧自己的失能長輩做為社會承受的上限，2025 年將有 71 萬失能者需落在長照機構或家庭外籍看護身上。如果家庭外籍看護維持在 20 萬，那麼另外的 51 萬需由長照機構來負責，所需的長照相關人力將增加許多。此外，外籍看護工是否能持續來臺也不無疑慮，目前（民國 101 年 8 月底）77.09% 社福外籍工來自於印尼（取自勞委會職訓局，網頁 http://www.evta.gov.tw/files/57/722080.csv），由於印尼近年來經濟發展相對快速，有可能在未來幾年就不輸出勞工至國外，這些都是需要儘早去面對的議題。

基於臺灣地區人口高齡化發展趨勢、長照的需求以及外在環境的可能變化，目前急需通過「長照服務法」，以利於資源的建立與整合，並將長照相關機構與管理的制度建立起來。由於未來臺灣高齡化速度將加快，我們不能將過去關於

老人、身障與護理之家的發展經驗完全套用在未來的發展，如何與當下接軌又可以因勢調整，當作為立法的重要考量。

四、結論

　　社會福利政策即便在我國政黨競爭惡質化的情況下，仍算是較具穩定與延續性的；因此，政策的擬定，除了參考國外經驗須考量其政策歷史脈絡與社經條件之外，對自己國內各面向的了解與未來的變遷尤須做為主軸考量，人口結構與趨勢是其中一個要項。最常被稱為福利典範的北歐，當下雖最被稱羨，這些國家的官員或學者，卻經常提醒我們，北歐福利國雖值得參考，但未必要跟著學。北歐國家人民目前保障最為完備，卻也對未來的發展感到憂心，理由無他，在人口持續高齡化的趨勢下，人民之福利需求也不斷提升，已高達40%以上賦稅率的國家，在加稅幾乎不可能的條件下，下一步會是甚麼呢？

　　近來「經濟學人」（*The Economist*）雜誌即以「亞洲的下一個革命：反思福利國家」（Asia's next revolution: Reinventing the Welfare State）為封面標題，提醒近年來亞洲國家為建立福利國家（推行年金制度、國民健康保險與福利體系等），有機會從西方的錯誤中學習，審慎思考：究竟能改善人們的生活困境，還是將人民推入負債的深淵中？換言之，北歐國家「福利國」給我們最大的啟示是，社會福利沒有所謂的「先進」只有「先做」，究竟是否為「進步」，端看是否適合國情與未來發展。

參考文獻

1. "Rethinking the welfare state: Asia's next revolution." (2012). *The Economist*, Vol. 404, No. 8801, pp. 11-12.

2. U.S. Census Bureau Homepage, http://www.census.gov/population/international/data/idb/informationGateway.php

3. 行政院經建會（2012）。〈2012年至2060年臺灣人口推計〉，行政院經濟建設委員會人力規劃處。

4. 王雲東（2009）。〈我國長期照護服務需求評估〉，行政院經建會委託研究。

5. 吳淑瓊、呂寶靜、林惠生、胡名霞、張明正、張媚、莊坤洋、莊義利、戴玉慈、羅均令（2004）。〈全國長期照護需要評估第三年計畫〉，行政院衛生署委託研究。

6. 鄭文輝、林志鴻（2004）。〈推動長期照護保險可行性之研究〉，經建會委託研究成果報告。

經濟全球化條件下臺灣的新興貧窮問題與社會救助體系改革[*]

呂建德
國立中正大學社會福利學系副教授

一、前言：經濟全球化與臺灣的新興貧窮問題

臺灣在過去三十年來，透過特殊的勞動體制和出口導向發展策略促成高度的經濟發展，並且借其達成雨露均霑的目標，達成高成長、高平等的社會。不過，隨著產業結構變遷和全球化所帶來的挑戰，這個成長體制開始受到挑戰，特別是勞動市場情況的惡化。過去十年來，臺灣歷經了亞洲金融風暴、網路泡沫化危機和目前正處於進行式的美國由「次級房貸」所引發的金融海嘯，勞動市場已面臨著一定程度的嚴峻挑戰。98 年主計處[1]公布的失業率已經呈現上升的趨勢，9 月的失業率已經高達 4.27%、較上月上升 0.13 個百分點，較

---

[*] 本文在撰寫的過程中受益於與中正大學陳昭榮講師的討論以及他對於臺灣社會不均趨勢與救助體系改革所提出的意見，作者在此特別表示感謝。葉崇揚助理協助臺灣社會不均資料收集上與分析，特此致謝。本論文是研考會委託研究案「M 型社會的可能趨勢及關鍵議題」的部分研究成果，作者一併感謝研考會的支持。當然，一切文責由作者自負。

[1] 資料來源：行政院主計處。http://www.dgbas.gov.tw/mp.asp?mp=1

96年同月亦升0.28個百分點。而9月失業人數為464,000人，較上月增加12,000人。其中因工作場所業務緊縮或歇業與季節性或臨時性工作結束而失業者分別增加14,000人與3,000人，因對原有工作不滿意與初次尋職失業者則分別減少5,000人與4,000人。同時間，就業人數10,405,000人，較上月減少59,000人或0.56%。

其次，根據內政部甫完成的統計指出，2010年臺灣經濟成長雖然超過10%，然而截至2010年底落在貧窮線以下的家庭卻首度升逾110,000戶，戶內人口也升至273,000人，兩者皆創下歷史新高，這顯示臺灣貧窮問題持續擴大。內政部官員也承認臺灣確實有愈來愈多的家庭難以脫貧。根據這份新完成的統計，2010年底（第4季）落在貧窮線以下的家庭計有112,000戶，較前一季增加2,000多戶，而這些低收入家庭內的人口總計有273,000多人，也比前一季多了7,000多人，兩者皆創下歷年新高。依內政部歷年統計，90年底臺灣落在貧窮線以下的家庭不到70,000戶，97年初政黨輪替時升至90,000戶，99年底升逾110,000戶，落居貧窮線以下的家庭呈快速增加。臺灣去年的經濟雖然成長率雖超過10%，但是經濟底層的家庭卻無法分潤經濟成長的果實，這也是何以經濟高成長而低收入家庭仍持續增加的原因。

上述數據顯現出來的是臺灣勞動市場情況的惡化。臺灣自從1997年之後，勞動市場的情況即逐漸惡化，特別是在2000年初之際，面臨網路泡沫化危機所帶來的衝擊，失業率

經濟全球化條件下臺灣的新興貧窮問題與社會救助體系改革

一度衝破 5%，雖然之後在政府不同政策體系的努力，和危機的過渡之後，逐漸地將失業率減少至 3% 至 4% 間。不過，2008 年又面臨美國金融海嘯的衝擊，由於美國市場是我國主要的貿易出口地，勞動市場預計將會逐漸的惡化。勞動市場的惡化對人民最直接的衝擊，即是他們失業之後的生計問題，以及對就業不穩定的不安全感。

就如「一個臺灣，兩個世界」所展現出來的社會極化現象，其所要傳達的「機會不平等」限制了個人生命歷程的發展機會與自我實現。臺灣並沒有置身於這種機會不平等的趨勢之外，甚或相對於其他國家更為嚴重，而如何扭轉這種分化的趨勢已經成為主要的社會議題。同時，構成對於未來臺灣社會穩定，甚至是經濟進一步發展的挑戰，政府必須將此一問題盡速提至政策議程上，研擬各項方案加以解決。

在過去十年中，臺灣的社會保障制度和就業政策出現了快速的發展，同時在全民健保，國民年金和勞保年金化等都進行了一系列的改革。這些改革所產生的效果顯示在 2008 年糧食價格危機時，政府結合財政與行政措施和強而有力的監督管理，以降低對於社會最不利的影響。而近期發生的美國金融危機與全球景氣下滑引發失業率的升高與企業（通常是小企業）的倒閉。目前的危機帶來了新的挑戰，且有些問題，例如，如何促進國內消費及私人儲蓄率正在減少，面臨治理結構改革的挑戰，比原來設想更加快速，平衡提升產業競爭力的需求，以及擴大社會安全等新的挑戰。顯然，這一次的

挑戰更加嚴峻。更需要朝野間密切的合作，才能共同打贏這場由全球經濟危機所引發的「反貧窮作戰」。

二、臺灣新興貧窮問題與勞動市場彈性化的發展

以下我們利用家庭收支調查資料和王永慈（2007）所計算的數據為主，先分析臺灣所得分配惡化的現況。（圖一）顯示了歷年來臺灣五分位所得最高與最低級距比的歷史趨勢。從中可以發現臺灣所得差距最小的時期是 1970 年到 1990 年之間，此後不平等的差距逐漸地擴大，到 2000 年達到 5.55 倍，2001 年時更躍升到歷史新高的 6.39 倍，之後逐年遞減。綜言之，臺灣貧富差距是逐年擴大。

而臺灣 Gini 係數的趨勢則是一直維持在 0.3 左右上下震盪，最高接近到 0.35 左右（圖二）。從趨勢來看的話，1980

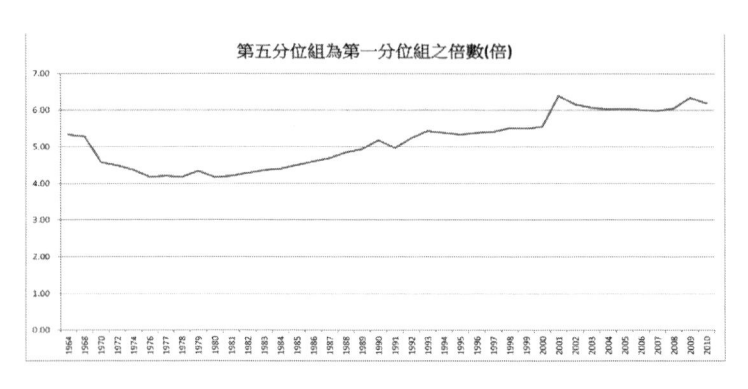

圖一　臺灣大島指數的趨勢（資料來源：主計處）

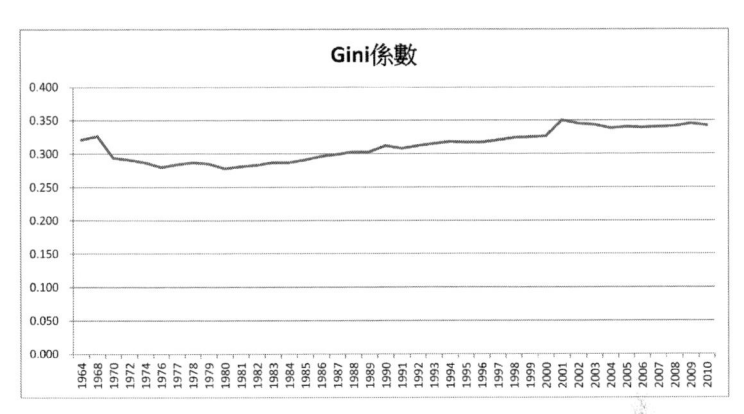

圖二　臺灣 Gini 係數的趨勢（資料來源：主計處）

年代以前整個 Gini 係數的趨勢是逐漸的下降，之後在慢慢地上升，2001 年左右到達最高點，隨即逐年遞減。

根據 2005 年 LIS 的資料顯示，臺灣的相對貧窮率，分別以中位數所得的 40%、50% 和 60% 計算的話，分別為 4.991%、9.545% 和 15.79%。[2] 相較於臺灣 2005 年社會救助的相關統計[3]顯示，臺灣低收入戶率為 1.16%，而低收入人數比例為 0.93%。一般而言，國際比較都是利用中位數所得的 50% 當作貧窮線，也就是說，目前臺灣社會救助體系與實際狀況有著約 8% 的落差。這些可能符合所得調查的人口群，卻被排除於貧窮人口之外，部分原因可能是因為臺灣目前的社會救助體系，依然有其資產調查、親屬責任、工作能力認定等資格條件。事實上，根據王永慈（2007）的研究團隊所做的研

---

[2] 資料來源：LIS Key Figures。http://www.lisproject.org/
[3] 資料來源：內政部社會救助統計。http://sowf.moi.gov.tw/10/new10.htm

究，可以發現目前臺灣官方利用平均消費支出的 60% 作為貧窮線計算貧窮率，此一水準與一般國際比較中常被使用的中位數所得的 50% 或 60% 相當接近。因此，將近 8% 屬於貧窮人口的人口群被排除於臺灣官方的社會救助體系之外，很有可能是因為其它的資格條件所限制。這群人即是被傳統貧窮研究所忽略的一群人，他們可能生活情況是屬於貧窮的，但是卻被制度的資格條件排除於社會救助體系之外，使得他們無法取得國家社會安全網的保障。且當其它制度與社會救助掛勾時，例如目前臺灣各類福利都不乏有（中低）低收入戶的限制，將會更不利於這群被制度排除的貧窮人口群。

王永慈（2007）所做的調查僅是所得分配的狀況，對於其圖像和福利需求並沒有深入觸及以及廣泛之研究，無法對其有一通盤性之探索與瞭解。李易駿（2007）則是利用社會變遷調查資料推估目前臺灣社會排除人口的比例以及圖像的描繪，包括三種社會排除人口群，類傳統貧窮的多重弱勢、以無工作為核心的多重弱勢、以無政治參與為核心的自我排除。然而，李易駿（2007）利用社會變遷調查對社會排除人口的推估受限於統計資料庫的侷限性，依然無法有效地描繪這群人口群。因此，對於目前貧窮人口或是社會排除人口圖像和福利需求的描繪我們仍然有一定的缺口存在。

勞動市場彈性化與臺灣新貧問題

臺灣勞動市場部分工時的比例大幅上升。就雇主而言，考慮增加部分工時勞工的原因分別是人員調度有彈性以及勞

動成本較低。根據行政院勞委會所辦理之部分工時勞工綜合調查計劃，顯現部分工時勞工，90年2月份平均每週上班為21.8小時，[4]而雇主則可為因應臨時業務需要時，僱用部分時間工作者，這也就是有高達42.9%的雇主僱用部分工作者的一大因素。[5]其次是成本較低，雇主僱用部分工作者較全職工作者無論在薪資或是福利所須成本較低。就薪資而言，雇主回答僱用部分工作者有30.2%是因為可以減少工資負擔；[6]就福利政策而言，事業單位提供部分工時估作者福利最多為勞保團保占61.33%、其次為全民健保占58.75%、工作年終獎金占57.13%，其餘各項福利如休假制度、事病喪假、婚喪生育補助、勞工福利金、退休金制度、資遣費等未達五成。[7]

在臺灣，2007年之後，非典型工作（部分工時和派遣勞動）呈現了增加的現象（圖三），其次，受薪階級去制度化現象並非平均分配地在每一個社會類別之中，特別是性別和年齡的差異上尤為明顯。從（圖四）我們可以發現女性從事部分工時的比例遠高於男性，女性從事非典型工作的人數也呈現增加的狀態，[8]這個高峰期是在2009年左右，也就是在

---

[4] 呂建德、邱靖惠、陳昭榮（2003）。經濟全球化對於臺灣勞動體制的衝擊：競爭與保護部門的差異。「2003臺灣社會學年會」研討會。詳見http://163.29.140.66/acdept/h0390044.doc

[5] 同上引。

[6] 同註4。

[7] 同註4。

[8] 2007年-2009年，女性部分工時人數分別為148,000人、189,000人、216,000人；女性派遣或臨時性勞工為，2008年為236,000人，2009年為242,000人（主計處，2010）。

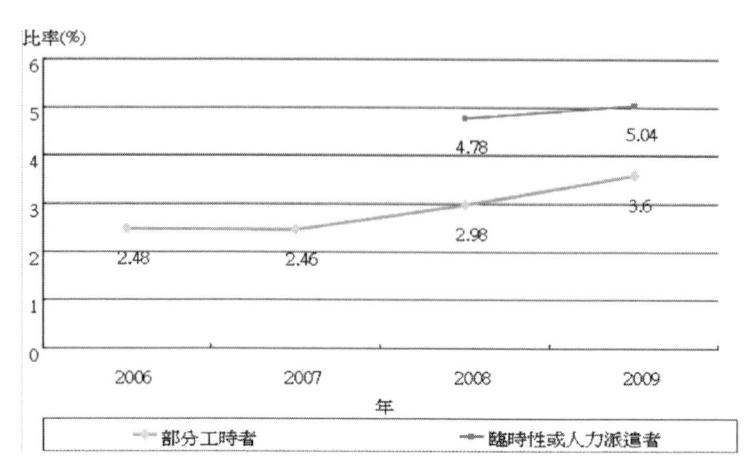

圖三 2006-2009年臺灣部分工時與臨時性或派遣勞工趨勢圖—整體

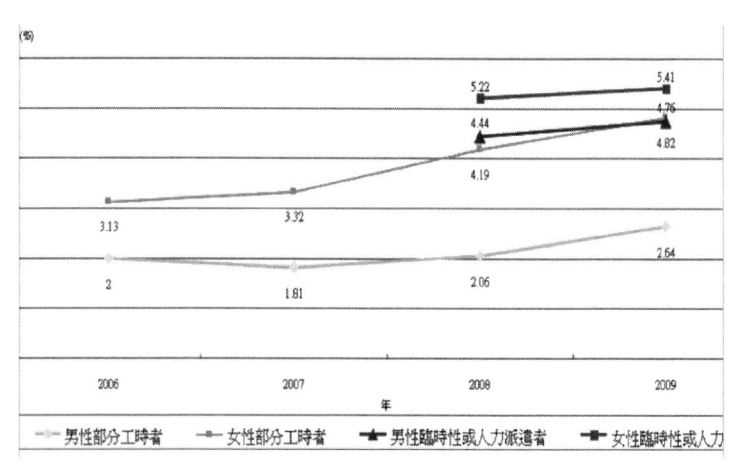

圖四 2006-2009年臺灣部份工時與臨時性或派遣勞工趨勢圖——性別分

2008年金融危機之後所帶來的影響。一般而言，在後工業社會中所創造的就業機會多屬於低薪／低生產力的不穩定就業機會，也就是被認為女性主要從事的工作。

另一方面，由於女性依然被認為必須承擔生育、養育以及家庭照顧的家務工作，因此，女性可能因為家庭勞務工作而必須中斷工作生涯，從而導致年金繳費的中斷，或是必須轉換到另外一個年金體系（如臺灣的勞工保險與國民年金之間的轉換）。對於女性而言，其老年經濟安全的保障即相對較為不足。若要增加女性就業率，並減緩女性落入非典型勞動的邊緣工作者，除了可透過移除以年資為基礎的薪資體系，以創造較好的工作機會給女性，避免女性因家庭因素而須暫時中斷就業，對其薪資所帶來的負面影響。

另就年齡結構分析，臺灣青年就業者（15-24歲）較壯年勞工（25-54歲）更易從事非典型工作，青年部分工時工作者從2006年的5.68%一路攀升到2009年17.28%，遠高於壯年人口群的1.87%和2.22%；屬於臨時性和人力派遣勞工，青年勞工在其間的比例從2008年的14.68%上升至2009年17.20%，仍比壯年工作者的3.86%和3.9%高出甚多。因此，對青年者而言，他們在經濟危機時，往往較壯年人口群容易遭受失業或處於不穩定就業的狀態，特別是在企業凍結人事僱用時，青年人口群不僅不易進入勞動市場，那些已進入勞動市場之青年勞工，也比資深勞工更可能遭受被解僱的風險，而從事非典型工作，亦代表無法獲得如全職勞工般的就業保障，這些現象甚至存在於經濟復甦時。造成青年處於易受創

風險中的原因在於渠等較缺乏技術、工作經驗、尋找工作的能力和經濟資源等。青年的失業和非典型工作問題，不僅直接影響經濟成本，亦會形成嚴重的社會排除現象，長期失業更對勞工的生活和所得造成另一種變相的懲罰。因此，政府需確保青年勞工為部分政策的標的人口群，如：補助和訓練方案、工作協助方案等，並增加教育體系和企業間的連結，以減緩青年受到經濟危機衝擊的影響，且減緩教育體系和勞動市場需求間的技術落差問題，更重要的是，避免青年群族落入長期失業的危機，以致於影響他們未來的職業和所得，甚至形成社會排除。

因此，臺灣政府的勞動市場政策，除介入全職勞工的就業保障外，應再思考標的人口群的就業問題，特別是較易受創的人口群，如青年和女性勞工，以避免因長期失業和非典型勞動所帶來更嚴重的社會排除問題。此次金融危機，臺灣政府雖提出透過讓青年失業者回校再充電、校園研究計畫和擴大產業實習等，但仍缺乏讓年輕人從學校到工作階段的轉銜機制，學校和企業需求間的技術落差，不斷重回校園的過程，不僅無法解決兩者之間轉銜的問題，更可能將導致更沉重的社會成本。而短期和低薪的實習過程，不僅無法讓青年獲得足夠的經濟安全，亦無法培養足夠的人力資本和工作經歷，其次，高等教育的氾濫，更讓青年勞工處於低薪的勞動階級。此外，企業往往在實習期滿後，優先解僱該等人，使得青年勞工又落入另一個失業的循環。誠如 Esping-Andersen（2007）所言，許多歐盟國家的應屆畢業生，已面臨了延長

失業時間的問題。青少年失業時間越長，其因工作經驗所獲得的技術累積將無法獲得實現，這亦變相地懲罰青少年的人力資本。同時，對新技術的創新與依賴，對技術供給者亦產生另一層次的不平等，美國在 1970 年代之後因對高技術的強烈需求，提供高額的獎金以吸引高技術者的投入。然而，歐洲國家卻因高教育者供過於求，使得高技術者無法進入薪資的金字塔頂端，但仍不難發現，歐洲國家青年工作者仍佔了低薪工作族群的大多數，且低技術和青年男性工作者的薪資條件，更有越趨惡化的現象。

三、2008 年金融風暴後政府的社會救助政策

2008 年底臺灣面臨全球金融風暴的襲擊以及原物料上漲壓力，除了無薪假，失業率人口亦立攀高超過六成，政府遂提出「馬上關懷」及「工作所得補貼方案」兩個暫時性的補貼措施，但兩權宜措施在缺乏相關配套以及和各社會福利法規的銜接下，出現補貼對象合理性之爭議，如沒領取低收入戶生活扶助金之二、三款低收入戶被排除領取補貼，但軍教配偶等社會優勢階級卻列入補貼對象的資源錯置爭議。以下我們先介紹臺灣政府在面臨金融風暴期間所推出的社會救助措施及其成效分析。

EITC 先行方案（照顧近貧——工作所得補助方案）

原屬於短期 6 個月的方案，而後延長此方案時間為 1 年。

勞動所得租稅補貼制度（Earned Income Tax Credit, EITC）

馬政府宣稱他們採取「負所得稅」（Negative Income Tax）的概念，希望協助低所得的工作貧窮（Working Poor）家庭，尤其是必須撫養小孩的低所得家庭能夠「脫離貧窮」。但是，稅額與補助門檻低於法定基本工資標準，則可能促使雇主在聘雇工作貧窮者從事非典型工作時，向下修正薪資水準，最後使勞動市場的整體實際薪資水準下降，並導致 EITC 制度成為雇主施行彈性化薪資的藉口，因為政府提供的補助金額將成為薪資差額，降低勞動市場的實際薪資水準。相對地，倘若稅額與補助門檻高於法定基本工資，則將很可能產生取代基本工資的效應，由於臺灣的基本工資與多項社會保險之法定投保最低門檻聯結，因此一旦基本工資受到 EITC 取代，將連帶牽動現行多項社會安全制度的體系運作。問題的關鍵是必須在維持工作狀態下，方可享有退稅補貼，因而 EITC 採取的是不同於「傳統福利給付」思惟的「工作福利」（Workfare）政策原則，以達到激發就業的目標，又由於未達所得稅課徵標準者能夠享有退稅優惠，因而 EITC 又稱為「負所得稅」制。

這是由諾貝爾經濟學獎得主 G. Stigler 與 M. Friedman 在 1962 年提出的理論，所謂「負」所得稅，乃是「正」所得稅的相對概念，也就是政府提供低所得的民眾補助金額，以維持某一基本所得水準，但是隨著所得提高，補助就逐漸減少，直到超過某一水準後，政府才開始課稅。然而，分析而言，

目前馬政府所推出的「工作所得補助」方案仍然具有以下六大問題。

問題一：並未考慮就業型態

排除眾多個人年收入在 300,000 元以下且從事非典型工作者，理由是此方案是為針對家庭工作人口給予所得補助，具有鼓勵就業、提倡工作價值及所得再分配的功能，因而補助對象限定須參加勞工保險且為全職工作者。但這樣的說法似乎隱含著非全職工作就不算工作的意涵？因而並不鼓勵這樣的就業型態？但事實上會屬於微薄就業者大多屬於非自願的型態，而短期失業是常態並具有不穩定就業的特質，但這部份的就業人口似乎並不列為失業，卻也不是就業，因而在政策交錯的三不管地帶上成為無人照顧的孤兒。[9]

問題二：政策目標不明確

工作所得保障目的在於降低物價上漲與通貨膨脹對近貧家庭之衝擊，因此將針對家戶總所得落於最後 10% 的低所得家庭做出補貼，希望能透過方案來維持通膨期間近貧工作人口的購買力及家庭消費能力。而政府同時又將此方案做為未來實施「勞動所得租稅補貼制度」（EITC）的先期計畫，具有著避免道德風險與福利依賴等工作福利的特性，針對家庭

---

[9] 政策政策初始預計約為 45 萬人，後來有多少是因為非全職工作而受到排除的人數仍然不清楚。應該予以調查以茲確定。

的工作人口給予所得補貼。究竟此方案的核心目標是要給予近貧者生活補貼？或是要具有激發工作誘因的效果？就我們的觀察看來，雖然是以幫助近貧家庭抵抗物價上漲與通貨膨脹為目標，但將激發工作誘因為第一要務，同時避免福利依賴，如果是以前者為核心的話，就不應該只以全職工作為補助的限制。而事實上，非有全職工作者的微薄就業家庭更是需要幫助的弱勢。換言之，尚未請領失業給付的非自願失業者亦有資格提出申請，雖然沒有重覆領取，但保障範圍確實是有重覆，特別是在非自願失業者這一部分。

問題三：低收入戶中仍有未領取現金給付者

此方案認為低收入和依款別可領取現金生活扶助、就學生活補助與健保補助等相關福利措施，因此不需要重複補助，但卻沒考慮到低收入戶中亦仍有未領取現金生活扶助的款別，就完全把所有低收入戶排除在外。近貧補償方案未與社會救助對於貧窮的定義做出協調與延伸，反而還產生斷層，這對於首次在臺灣出現近貧概念的政策而言，是非常可惜的。

問題四：面臨個人收入低於法定基本工資標準的低薪風險

稅額與補助門檻低於法定基本工資標準，則將很可能促使雇主在雇用工作貧窮者從事非典型工作時，向下修正薪資水準，最後使勞動市場的整體實際薪資水準下降，並導致EITC制度成為雇主施行彈性化薪資的藉口，因為政府提供的

補助金額將成為薪資差額，降低勞動市場的實際薪資水準；相對的，倘若稅額與補助門檻高於法定基本工資，則將很可能產生取代基本工資的效應，由於臺灣的基本工資與多項社會保險之法定投保最低門檻聯結，因此一旦基本工資受到 EITC 取代，將連帶牽動現行多項社會安全制度的體系運作

問題五：個人與家庭近貧條件認定不同

個人標準略高於基本工資 17,280 元的水準，但家庭最低卻採取低於基本工資的 12,600 元，使得近貧在方案的定義不明確，並未與低收入戶的貧窮定義作整合將更讓人混淆。此外，以家庭為單位依所得分級發放的措施並未能考慮到家庭規模的差異，以致於平均每人補償最多的是其中負擔最輕的家庭。唯一與家庭規模有關的是扶養一等親屬可以較單身者提高約五萬綜合所得額度，往後再多一個親屬則多十萬，這樣的方式僅是放寬負擔重家戶的審核條件，並未依其負擔程度而有著相應的補助。

問題六：臺灣地下經濟繁盛，較難掌握家戶的實質所得

主要是透過財稅資料以及相關篩選條件後的所得，但由於臺灣部分職業毋需繳稅且地下經濟昌盛，家戶實質所得極難掌握，在實施初期就出現部分補助通知者並非近貧的案例，因而有「假近貧，真補貼」的情事發生。

四、臺灣的社會救助體系能有效因應新興貧窮問題嗎？成效評估

若以現行社會救助體系來看，臺灣社會救助法的最低生活費標準實際上並不差，但臺灣的貧窮人口數會如此之低，就人數來看，2007 年底低收入戶的人數為 22,900，占全國人口的 0.96%，而戶數為 90,682，佔全國總戶數 1.21%（2010 年底更新數據：貧戶率約 1.41%，貧民率約 1.18%）。社會福利學者研究發現，臺灣平均每人每月消費支出 60% 為 10,593 元，約當可支配所得的中位數 50%（約為 10,881 元），也約略等於家庭最低生活費用（每人每月約為 11,053 元）。因此，未來調高最低生活水準並不太合理，應改善現行：動產、不動產、人口列計、工作能力設算等資格。

簡單來說，目前臺灣社會救助體系的主要問題是因為低收入戶取得資格的附加條件過於嚴苛，例如工作能力（預定所得）、資產、與扶養親屬等條件，在跨不過社會救助門檻而成為近貧者。加上臺灣沒有「失業救助」的設計，這個弱勢人口群體在面臨經濟不景氣時更容易受到傷害。因此相較於其他國家而言，臺灣符合貧窮線界定標準是相當的嚴苛，並沒有辦法因應所謂「新貧」與「近貧」等問題。如果從貧窮角度來分析，「近貧」應該就是雖陷入貧窮但因其工作能力、資產以及家戶內人口等條件，因而無法跨過貧窮線進入社會救助的門檻。如（圖五）所顯示的，這個問題凸顯了臺灣社會安全網的一大制度漏洞。

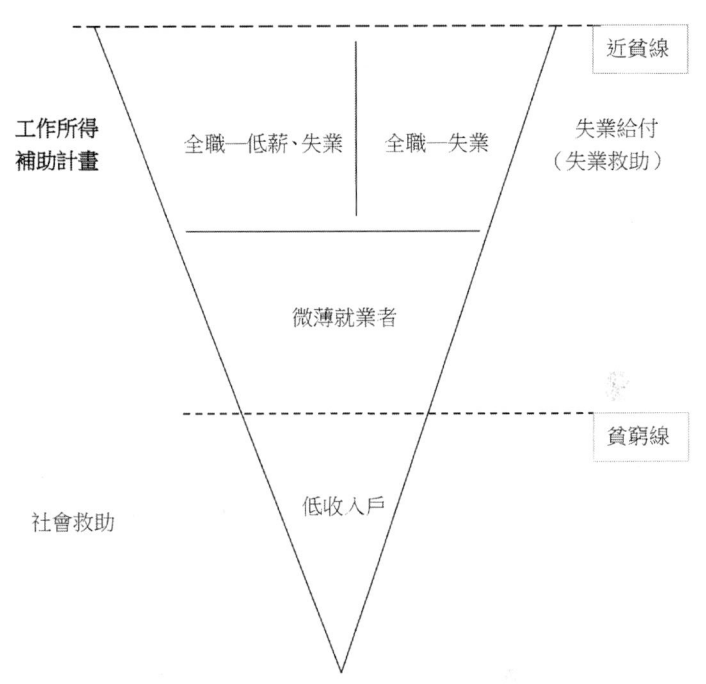

```
                                          ┌─────────┐
                                          │ 近貧線  │
                                          └─────────┘
工作所得   │全職─低薪、失業│全職─失業│   失業給付
補助計畫                                  （失業救助）

              微薄就業者

- - - - - - - - - - - - - - - - - - - -   ┌─────────┐
                                          │ 貧窮線  │
                                          └─────────┘
社會救助       低收入戶
```

＊自行提出申請之資格限定條件 A：非自願失業者，即民眾係因公司關廠、遷廠、休業、受破產宣告、解散、不可抗力暫停工作一個月以上、業務性質變更有減少勞工之必要者等非自願失業原因，致 95 年 1 月至 12 月薪資低於 190,080 元者，得自行提出申請，但已領有失業給付者、學生從事工讀、從事短期零工者、自願失業者不得提出申請。

圖五　臺灣的社會救助體系

　　雖然社會救助主要分為生活扶助、醫療補助、急難救助及災害救助等四大類，但卻有高達六成的比例是集中在老人津貼，而其中大部分的經費又落在貧窮線以上的非低收入戶（中低收入老人津貼），用在低收入戶老人則僅佔 11.69%。當然無論是中低收入老人生活津貼、敬老福利生活津貼、老

年農民福利津貼與原住民敬老福利津貼等,這一系列給予老人的補助,先前主要被視為國民年金施行前的過渡性政策,但現今卻缺乏良好的配套與結合,除造成國家財政上的負擔外,並沒有先將資源集中在真正需要幫助的弱勢身上,而是經由身份別來發放(例如老人、身心障礙者、榮民、軍公教等)的結果讓社會福利資源大幅分散,預期帶給社會的將並非是福利效益,而是福利帶來的財政壓力。

現今的對抗貧窮政策早已隱含著這樣的負面效果,如果施行工作所得補助方案(EITC)預計將增加國庫負擔約240億到640億元,更會造成嚴重財政負擔。較適合結合現行的社會救助制度來制訂新貧的家庭扶助政策,當然不一定是要修改貧窮線,而是針對落在貧窮線之外的新貧家庭提供社會救助,而非是採用來類似減稅的 EITC 計畫。更何況臺灣現行的所得稅制仍然有許多的缺失,並沒有辦法彰顯真正的經濟能力,加以地下經濟在臺灣大行其道,貿然施行就會出現媒體報導出現月入所得近 100,000 者也可以領取近貧的退稅補助,這樣的近貧標準界定可能引發更多的問題。

社會救助法已於 2010 年 12 月完成修法,除將中低收入納入外,貧窮線的計算方式亦有所調整,改為可支配所得中位數的 50%。若參考臺灣內政部於 2010 年 12 月 10 日發佈的消息,根據預估的數據,本次修法效益初步估計約可增加照顧低收入戶 21,000 戶(54,000 人),較目前 110,000 戶增加約 19%;另外界定「中低收入戶」納入照顧,估計約

183,000戶（536,000人）。合計增加204,000戶、590,000人，未來將有312,000戶、852,000人納入社會救助體系獲得照顧。進一步計算修法後的貧戶率與貧民率（以2010底全臺灣總戶數和總人數計算），貧戶率約3.93%，貧民率則約達3.68%。

簡單來說，目前臺灣社會救助體系的主要問題是因為低收入戶取得資格的附加條件過於嚴苛，例如工作能力（預定所得）、資產、與扶養親屬等條件，在跨不過社會救助門檻而成為近貧者。加上臺灣沒有「失業救助」的設計，這個弱勢人口群體在面臨經濟不景氣時更容易受到傷害。因此相較於其他國家而言，臺灣符合貧窮線界定標準是相當的嚴苛，並沒有辦法因應所謂「新貧」與「近貧」等問題。如果從貧窮角度來分析，「近貧」應該就是雖陷入貧窮但因其工作能力、資產以及家戶內人口等條件，因而無法跨過貧窮線進入社會救助的門檻。如（圖四）所顯示的，這個問題凸顯了臺灣社會安全與救助網的一大制度漏洞。較適合結合現行的社會救助制度來制訂新貧的家庭扶助政策，當然不一定是要修改貧窮線，而是針對落在貧窮線之外的新貧家庭提供社會救助，而非是採用來類似減稅的EITC計畫。本文建議具體執行策略有三方面：(1) 放寬貧窮線認定標準以擴大社會救助範圍；(2) 合理提高基本工資：提高基本工資至合理水準以提升抗貧能力；(3) 協助再就業：積極協助貧窮家戶內具工作能力之失業者再就業。

五、結論：尋找解決新興貧窮問題的新思維

　　傳統關於貧窮與社會救助的研究僅僅涵蓋了所謂的「所得」的部分。然而，新型貧窮的概念應是有關於不平等概念的指涉，而有關於貧窮或是不平等的研究與概念，卻非單純所得面所能詮釋之。特別是隨著社會環境的變遷，和統計方法的進展，對於傳統著重於所得面的貧窮概念已經逐漸的轉向多面向（multidimension）的社會排除概念（social exlcusion）。在此情況下，貧窮已非傳統利用值得救濟（deserving）或是不值得救濟（undeserving）可以區分的。如同前述，隨著社會結構的變遷，貧窮的組成已與傳統濟貧法或是工業時代有所不同，特別是在值得救濟與不值得救濟的區分上已然模糊，越來越多的貧窮人口群已經不是傳統值得救濟的老、弱、病、殘，而可能是有工作能力的失業人口群或者是撫養人口過多和薪資過低的工作貧窮家戶等等。使得貧窮人口不再侷限於永遠落在貧窮的老、弱、病、窮等值得救濟的貧窮人口，而那些有工作能力的貧窮人口可以透過技術技能的改善，或者是社會階層的向上流動脫離貧窮。因此，建構長期的動態調查資料，可以觀察貧窮人口脫離貧窮或是進入貧窮的原因，也可以觀察不同人口屬性落入貧窮的時間長短等等。此種時間動態的觀察可以讓我們更進一步瞭解貧窮的過程和成因，以便可以作為規劃政策之用。

　　從貧窮轉向社會排除的同時，意謂著單一所得面的貧窮研究，不足以用來分析多面向的社會排除圖像。社會排除原

先是法國用來指涉沒有被社會安全體系所含納的人口群。不過近來社會排除字眼所指涉的多是朝向個人相對剝奪與劣勢的社會條件，因此社會排除所涵蓋的面向也相對於傳統貧窮單一所得面向還來的廣泛。社會排除在不同的社會、政治與經濟脈絡下即會有著不同的社會排除典範以及定義（Silver, 1994）。不過在英國社會排除專責組（Social Exclusion Unit）對社會排除的定義為：「個人或地區所存在的一系列問題，如失業、差別待遇、低技術、低所得、高犯罪率健康不佳與家庭破裂，而這些問題的結合產生惡性循環」（Social Exclusion Unit, 1998）。隨著社會結構的改變，對所謂弱勢的定義也逐漸地從貧窮轉向多面向的社會排除。

　　先進國家為了回應貧窮人口組成特性歧異漸增的問題，並且為了同時解決以往福利依賴的問題，也逐漸地將消極性的社會救助體系轉變為具有活化（activation）性質的積極性工作福利（workfare），最為著名的即是美國的 TANF（Temporary Assistance for Needy Families）。社會救助體系的消極性格轉變為具有積極性格的工作福利體系之際，聚焦核心在於對工作價值的重視。希望透過不同的方式，促進個人能夠重返勞動市場或者是能夠促進其工作誘因，避免福利領受者過度依賴國家救助體系。因此有所謂的勞動者所得稅補貼（Earned Income Tax Credit, EITC）的出現，即是希望能夠藉此避免所謂的福利依賴問題。臺灣也於日前實施了類似 EITC 的工作所得補助方案，也是希望能夠解決中低收入者所得不足之問題，同時維持制度的工作誘因，強化對工作倫理

的重視。未來也預計逐漸地將目前的工作所得補助方案制度化為勞動者所得稅補貼政策。此一制度化部分可以彌補目前社會救助體系的不足，然而，仍然有其不足之處，包括期限、領取資格、和給付水準等都需要進一步的評估與改進。

所謂值得救濟和不值得救濟從濟貧法以來一直都被視作社會救助體系救濟的區分標準，臺灣社會救助體系亦然。然而，在社會經濟結構迅速轉變之際，貧窮人口組成的特色，及其性格已經非傳統社會救助體系能夠因應。特別是在臺灣，有一群同時受到勞動市場排除和國家制度排除的弱勢人口群。如何在社會經濟結構變遷的時代底下，清楚描繪貧窮人口的組成圖像和福利需求將是未來政策制訂的核心之一。因此，本文建議未來社會救助的研究問題應該為以下四點：

（一）利用 OECD 所定義的貧窮線－中位數所得的 50%，以家庭收支調查資料庫推估目前臺灣貧窮人口的比例。理由已於前述。惟目前亦有將中位數所得的 50% 提高至 60%，作為計算貧窮線之基礎；而討論工作貧窮時，更進一步，將貧窮線提至中位數所得的 70%。因此，設定貧窮線多建立在研究所架構之理論之上，因此，在此建議未來社會救助相關研究者依然可視其研究需要以及相關之文獻討論，將其它的討論或是設立不同的貧窮線水準，同時比較其差異。

（二）利用調查研究和質性研究同時並進的方式，瞭解貧窮人口群的動態過程（如李易駿〔2007〕所建議一般）

和其福利需求。調查研究一般可以利用問卷調查的方式，建議利用財稅資料作為樣本抽樣之基礎。此外，亦可藉此以深度訪談的方式，瞭解個人與家庭生命史，探索其貧窮與社會排除的動態歷程。

（三）以政策評估的方式，配合上述的調查研究，評估目前近貧補助的政策效果，並從財務面和需求面等等面向評估未來近貧補助制度化為 EITC 的可能性。基本上，建議配合福利需求調查研究之際，可同時進行對近貧補助的效果評估與分析。

（四）收集與分析目前西方先進國家目前社會救助體系，包括工作福利體系和與 EITC 類似之政策制度，從中汲取其優點作為臺灣 EITC 制度化和社會救助體系現代化之政策建議。建議以美國為主，並且輔以法國 RMI 和韓國新通過之社會救助法，從中瞭解各國制度的優缺點。

基本上，社會救助體系一直是作為社會安全網的最後一道關卡，但是隨著社會經濟結構的變遷，社會救助體系也應隨之有所現代化。另一方面，其相關制度，如工作福利或是 EITC 都應被視作社會救助體系的一環。從中思考制度之間的互相配套，積極促進個人的發展與積極性格，提供最低保障給那些需要的人口群。因此如何架構一個具有現代性思考的社會救助體系將是未來社會的挑戰之一。

參考文獻

1. Esping-Andersen, G. (2007). "Sociological Explanations of Changing Income Distributions." *American Behavioral Scientist*, Vol. 50, No. 5, pp. 639-658.

2. Silver, H. (1994). "Social Exclusion and Social Solidarity: The Paradigms." *International Labor Review*, Vol. 133, No. 5-6, pp. 531-578.

3. Social Exclusion Unit (1998). *Truancy and School Exclusion*, London: HMSO.

4. 王永慈（2007）。《我國所得分配變動及因應對策之研究》。臺北：行政院經濟建設委員會。

5. 呂建德、邱靖惠、陳昭榮（2003）。〈經濟全球化對於臺灣勞動體制的衝擊：競爭與保護部門的差異〉，《2003 臺灣社會學年會研討會》。

6. 李易駿（2007）。〈臺灣社會排除人口之推估〉，《人口學刊》，35 期，頁 75-112。

回　應

王育敏
立法院立法委員

一、因應少子化與高齡化趨勢，行政院應成立跨部會之「人口政策研究中心」

　　2012年9月8日出刊的《經濟學人》雜誌（*The Economist*），有一篇論述是「福利國家再思索——亞洲的下一場革命」，這篇文章對亞洲各國政府提出三個忠告，分別是：1. 對於任何承諾，政府必須更關注未來一段時間後的負擔能力；2. 必須更審慎地選定社會福利支出的受益對象；3. 改革應該兼具彈性與創新。而薛政務委員在「我國社福相關政策的人口學檢視」一文中則指出，不論是過去的軍公教18%優惠存款、敬老福利津貼、廣設高中大學，抑或是未來的二代健保和長期照顧政策，在在都深受出生率、死亡率、平均餘命、外來移民……等人口現象的影響。由此可見，當一個國家的人口結構隨著時間產生變化，政府對於各項社會福利制度的規劃，必須參考人口發展趨勢予以適度的調整，否則成效再好的政策，也可能因人口變遷而陷入危機。

　　近來勞保、公保、軍保、農保、國民年金保險等各項社會保險，紛紛傳出未來將發生財務收支不平衡、甚至倒閉的

危機,社會保險乃社會福利體系的一環,能否長治久安,端看制度設計者能否充分考量「人口趨勢」這個關鍵的變項。臺灣現正面臨少子化和高齡化的雙重挑戰,馬英九總統日前提出要籌設「高齡化政策研究中心」,打算以跨部會的方式研議高齡化對策。但事實上,少子化正是高齡化背後的主要成因之一;根據行政院主計處最新出爐的「人口及住宅調查報告」顯示,我國65歲以上老年人口逐年增加的同時,15歲以下幼年人口已呈現遞減的趨勢。因此,少子化和高齡化都是國安問題,兩個問題不可分割研議,兩者應並陳檢視。本席主張,行政院應成立跨部會的「人口政策研究中心」,長期而持續地蒐集各項人口資料,這些資料除了據以規劃我國人口政策之外,也可提供相關部會作為研擬各項社會福利及其他重大政策的參考依據。

二、融入「工作福利」新思維,加速改革社會救助制度

呂教授在「經濟全球化條件下臺灣的新興貧窮問題與社會救助體系改革」一文中提出,為了因應日益複雜的貧窮問題,避免社會安全網中受助者「福利依賴」的現象惡化,先進國家的社會救助體系,已逐步跳脫傳統消極性的舊思維,轉向積極性、具活化性質的「工作福利」(workfare)。本席認為,這樣的作法很值得我國借鏡。由於臺灣當前新貧、近貧人口較以往增加,但現行社會救助制度的設計,並未納入工作福利的概念,加上臺灣地下經濟盛行,許多具工作能

力者一旦取得低收入戶或中低收入戶資格後，往往缺乏就業意願，求職動機低落，造成社會救助體系「進來了就不想出去，想進來卻進不來」的怪現象。當前政府財務困窘，預算尤須花在刀口上，且臺灣社會的貧富差距正逐漸擴大，我國的社會救助制度有必要朝「工作福利」的方向來改革，才能真正落實分配正義。

三、給魚吃，也要給釣竿——三管齊下，培力經濟弱勢者與青年就業

呂教授另指出，協助貧窮家戶內具工作能力的失業者再就業，是臺灣因應新興貧窮問題的對策之一。近年來，民間社福團體在協助經濟弱勢者自立的相關服務方案中，愈發強調「給魚吃，也要給釣竿」的必要性；意即除了提供經濟弱勢者現金給付（in cash）之外，實物給付（in kind）也不可或缺，培力（empower）經濟弱勢者就業，更是脫貧的必要途徑。協助經濟弱勢者與青年就業，可以怎麼做呢？以下提出「排除就業障礙」、「擴大訓練機制」、「提升就業動機」等三項執行方針，供各位先進參酌。

（一）排除就業障礙

目前失業民眾如參加勞委會各職業訓練中心委外或補助地方政府辦理之職訓課程，勞委會雖補助 80% 訓練費用，但失業民眾仍須自行負擔 20% 之上課費用，金額約 3,000 元至

5,000元不等,且須於參加課程前先行繳費,對於欲求職之弱勢失業民眾而言,不啻造成額外之經濟負擔。此外,弱勢失業民眾參加職業訓練課程,尚須自行支付交通往返費用;目前全國各縣市雖有開設職訓課程,惟同性質之課程並非每個縣市均有開設,因此部分弱勢失業民眾必須前往外縣市參加職業訓練,交通費用支出極為可觀。再者,弱勢失業民眾如需照顧幼齡子女,一旦參加職訓課程,其子女之托育照顧便成問題。

有鑑於此,本席在立法院院會已提案建議勞委會應會同內政部、金管會等相關部會,針對欲參加職業訓練課程之弱勢失業者,研議提供無息貸款、交通費補助、托育補助或於職訓場所提供臨時托育服務,以及其他必要之輔導機制,以減輕弱勢民眾失業期間之經濟負擔,並促進其就業。

(二)擴大訓練機制

根據主計總處101年8月人力資源調查,全國失業人數計502,000人,失業率達4.4%,其中初次尋職失業者有124,000人,較7月增加8,000人,青年失業率已高達13.61%,逾整體失業率之三倍,顯示國內青年失業問題已亮起紅燈。惟勞委會目前實施學生在學階段的職業接軌訓練仍有不足,每年參與之學生人數僅1,000多人。為嘉惠更多青年學子,本席於立法院社會福利及衛生環境委員會提案,要求勞委會應擴大辦理現有之「產學訓合作訓練」及「雙軌訓練旗艦計畫」。另就部分行業缺工問題嚴重及青年失業率偏

高之情形，勞委會應協調教育部積極研議如何協助失業青年投入缺工行業之政策，以創造勞資雙贏之局面。

（三）提升就業動機

根據兒童福利聯盟基金會服務經濟弱勢家庭之經驗發現，經濟弱勢家庭的支持系統薄弱，面臨經濟困境時往往須獨自承擔面對、缺乏援助。除了失業問題之外，經濟弱勢家庭也面臨有工作但工時不足、所得偏低、高教低就、學用不合等低度就業的問題。再者，經濟弱勢者往往從事非典型之僱用工作或自營小本生意，一旦失業即無法符合請領失業給付之要件（參加就業保險為被保險人者，非自願離職辦理退保當日前三年內就業保險年資合計滿一年以上），亦無法提供非自願性離職證明，因此無法享有政府失業給付之協助。

考量上述經濟弱勢者所面臨之困境，針對經濟弱勢家庭低就業動機的主要生計者，或低就業動機但有就業潛力的其他家庭成員，在實務上可參考兒福聯盟所採行之「**就業獎勵金──現金給付**」、「**就業獎勵金──代付費用**」、「**機構代賑工**」、「**手作工坊**」等四項服務策略，用以提升經濟弱勢者的就業動機，協助其跨出就業的第一步。

回　應

張世雄
國立中正大學社會福利學系教授

　　「分配公平與正義：南部觀點」這個系列研討的主題設定，當然是相當地令人遺憾，卻是很清楚地反映出我們這個時代的一些主、客觀氛圍：「社會的終結」。而在這麼一場以社會福利政策為討論議題的場次，更格外地具有「回不去了」的感慨。不過，或許也是個好時機，讓人們開始意識到如海耶克（1976）所意圖澄清的「社會正義的幻象」，其實是種語言的政治濫用，有著個體反撲的後果。「根本沒有社會這樣的事物存在」，前英國首相柴契爾（Margaret Thatcher）曾使用這個既直接、又簡潔的註解，啟動了英、美國家為首「三十年的對福利作戰」（War on Welfare）（1979～2008），來取代了先前以「社會」正義為名的「對貧窮作戰」（War on Poverty）（1964～1973）。根本不同的是，我們不是要恣意去否定「社會的」（the social）概念及其歷史現實的存在，而是該要認真地去面對「社會的」概念及其歷史構成基礎的結構性改變和挑戰（Lutz Leisering 編輯並導言的德國社會政策系列共五冊，2013 由 Springer 出版。是此問題當前最具挑戰性的權威論述）。

簡短的與談當只容許我們借用幾個分析性概念，來進行鋪陳、比較和評論。我們將兩百年來人類社會因應資本主義擴張產生的生存問題，簡化為「社會（的）政治」和「平等主義政治」的歷史辯証過程，對應著政策層次上互助式與互惠式的工作和福利聯結（work-welfare nexus）的轉型。最後，在這新的歷史處境中，快速地評論我們可能有的選擇和展望。

當代「社會的」概念最明顯的困境和挑戰，來自於社會保險的財務危機，以及進一步浮現的「社會團結」基石脆弱化。除了職業災害之外，老年年金、健康照護和失業保障這三項回應 19 世紀資本主義經濟發展所產生的老年貧窮、疾病失能和失業收入中斷等集體性共同問題。這些「非由個人行為造成的集體後果」，構成了歐洲國家企待解決的「社會問題」。透過國家制度化社會風險的集體承擔與分攤機制，對貧窮和失業的不確定性危險認知，一面成為鞏固（階級）社會團結的構成基礎，一面則透過社會保險來穩定和常態化我們的家庭與個人從教育、就業和成家的日常生活過程。對社會生活的管制與社會風險的管理，透過社會保險制度的引入，使得英國傳統個人主義為基礎的福利科學開始「社會轉向」，而 1930 年代因應世界經濟危機的美國社會安全法案建制從此奠基，包括雙軌化的社會安全架構——給男性／就業者的保險給付和給女性／非就業者的社會救助給付。透過勞資雙方風險分攤和共同管理的組合主義架構，社會保險成為一種階級妥協的政治，穩定和鞏固社會中「分化地位」（階級以外的性別、族群和年齡、性取向、宗教文化等社會區隔，要等到「對貧窮作戰」啟動後，才伴隨

著羅爾斯式平等主義的形成，逐一成為政治質問的範疇和社會抗爭的場域）的維持機制。

當然熟悉資本主義發展史的讀者一定也知道，社會保險和社會救助制度本身並不會創造就業，也不能解決失業的問題，卻會因為失業的擴大而陷入收入減少支出擴大的財務落差危機。凱恩斯俗稱的充份就業理論，支持「投資社會化」的政策方案，來取代社會主義主張的「生產社會化」或國有化計畫，進而定位了國家作為總體經濟需求的管理者角色，也成為「貝佛里奇報告書」這一份戰後福利國家總藍圖的重要理念支柱。KWS 因此常被當做是戰後福利國家的簡稱。在以社會保險為主體架構下的社會安全制度，就業（工作）與（社會）福利的關係，仍舊保持著一定的互助性（mutuality）邏輯和法定的聯結，社會救助和健康照護服務因此可以做為其補充和延伸的連結性社會服務。

這一「社會的」改革卻在福利國家開始擴張時，非預期地逐步地式微。伴隨著美國「對貧窮作戰」（指稱經濟機會平等法和社會安全法案等政策方案的擴張）的國際擴散，羅爾斯的正義論（1971）一面讓「社會正義」一詞儼然成為福利國家的新基石，一面卻徹底掏空了「社會的」概念，並轉變了福利概念的價值和目標。沒錯，羅爾斯的正義理論，本身是沒有「社會的」概念。他所說的是一種良好秩序的社會（well-ordered society），是由個人組成的社會（society），而不是 the social「社會的」——中文缺乏適當詞彙來區別，

更是種關公打周公的混淆不清。羅爾斯從個人主義的方法論出發，採用契約論來闡述良序社會的基礎和正義原則的構成，包括（第一優先原則）平等的自由、（第二原則）公平均等的機會和差異原則——同樣地，原則中也找不到 social 的字眼。這或許就是海耶克為什麼對該書的最初評論，給與讚賞和肯定，畢竟差異原則就如同一種「新的值得救助人口」（new deserving poor）原則，辯護的是非全民普及的、給予貧窮人口或各種弱勢團體社會參與必要的生活保障，進而合理化和正當化超出這個之外的不平等。社會救助或美國社會所謂的「福利」，在平等主義的分配正義之中，成為民主政治的新戰場，而工作和福利的連結，讓「不值得救助人口」原則轉變成個人權利與責任間的互惠性（reciprocality）原則（並作為英國學者偏愛的社會凝聚的基礎），不再是國民或階級之間共同風險意識的團結和互助性問題。20 世紀初的「社會改革」也隨後為世紀末的「福利改革」所取代。我們當然不能忘了平等主義是把雙面刃，因為有了這種正義理論的啟蒙，女性主義（Nancy Fraser, 2009）和少數族群理論方得以對福利國家的雙軌化展開批判和進行解構的重要工作，卻在同時成為嶄新自由主義（所有權和個體選擇的革命）的時代共犯。

當前無論是社會保險或社會救助的制度危機，實際上都已是史上的第二度危機（1920 年代失業保險給付的救助化資產調查，以及 1785 年的 Speenhamland System 實施院外救濟的工資補貼制度），社會安全制度所根植的充份就業基石再

次的流失，失業擴大─消費不足─投資不足─就業消失這一經濟不景氣的惡性循環，仍揮之不去。而我們依舊失落在「就業力」（employability）這個供給面社會政策的迷幻字眼和持續追逐一種沒有就業機會的 GDP 經濟成長之間。希臘是歐洲「社會政治」與國際貨幣競爭的犧牲品，而以工作取得或取代福利的生產主義體制（無論是 R. Goodin 或是 I. Holliday 所指的）和社會投資國家（自我窄化成進階版的人力資本論），把 Undeseving Poor 原則的歷史長矛，新瓶裝舊酒地隱藏和組裝成 iPhone5 式的新產品上市，以（A. Giddens 版本）新平等主義或新進步主義之名，來正當化不平等的（民主化或普遍化）擴張和（黑洞化）加深。不過，就在我們等待著另一個凱恩斯的黑暗時期，Joseph Stiglitz 今（2012）春所出版不平等的代價一書，闡述美國所代表的現代福利資本主義國家透過稅制和公債運作產生的不平等與富二代陷阱（*Of the 1%, by the 1%, for the 1%*），終將付出高昂的經濟和社會代價（2012-09-19 天下雜誌 506 期）。民主政治的集體選擇問題，面臨的將是兩次世界大戰以來最嚴苛的考驗。但全球化正反力量的轉向與否，仍有賴於人們從在地社區的努力和信任網絡的聯結開始，也有待正義理論的反思和重塑，包括正義的尺度（在地、國家到全球）、範疇（物質和時間重分配，以及承認）、判準（社會需要、社會風險與公民地位）和界限關聯（自然、社會、文化界域間）。我們或許真的悲觀、會失望，但不（要）絕望。

從偏鄉與弱勢看十二年國教

簡明哲
國立臺北大學經濟學系副教授

　　擬議中的十二年國民基本教育政策，是自九年義務教育實施後，臺灣教育制度最重大的變革，此政策的子計畫高達29項，可看出其配套措施之複雜與繁瑣。目前輿論對十二年國教的討論，大多著重在明星學校是否得以維持、學生之入學方式是否公平以及升學壓力是否減輕等，然而這些討論大多還是從都會區、課業較具競爭力或家庭社經背景較高學生的角度來思考。事實上，在義務（或基本）教育的階段，偏鄉地區、低學習成就及弱勢家庭背景的學生，在此重大政策變革下是否可以獲得更多的關注、教育資源是否能夠有更多的挹注、學習成效與教育品質是否能更加的提昇，才是社會大眾及教育主管機關更應該重視的課題。

一、國中義務教育的現況

　　為了凸顯偏鄉與弱勢學生的教育問題，本文先以一般社會大眾的思維，將學生的學習成就分成三個類別，來探討國中義務教育的現況。

(一) 有能力競爭所謂「明星學校」的前段學生

　　有能力競爭明星學校的學生，永遠會隨著升學方式而調整學習行為。在過去的聯考時代，這樣的學生可能將極大部分的時間花在智育學習；而在多元入學方案之後，學生為了升學而學習才藝、參加競賽、投入服務等，雖然增加了學生學習的面向，但也使得學生之居住環境及家庭資源在升學制度上佔有更重要的地位。

(二) 無意競爭明星學校，但也能夠跟得上基本學習進度的中後段學生

　　目前國中的就學機會已超過100％，2012年高中職五專聯合登記分發，招生名額為116,783名，參加登記分發人數為66,230人，最後錄取64,657人，錄取率97.6％。招生人數遠遠的超過登記分發人數，可見現況下要升上高中職五專幾已無門檻，但是非明星學校之間仍有排名先後，中後段學生依然需為此而努力。

(三) 跟不上基本學習進度的學習落後學生

　　最後的這類學生，完全跟不上課程進度，成為「教室裡的客人」。對他們而言，「升上什麼學校」已在其次，「學到什麼東西」才是更本質的議題。尤其現行義務教育對於畢業門檻並無嚴格規定，即便是文盲或是不會四則運算的學生，只要在教室裡坐滿九年，照樣可以畢業。憲法第21條規定：「人民有受國民教育之權利與義務」；但對這些學生來說，

他們是否真的享受到了受教育的權利，又是否真的盡了受教育的義務？答案是否定的。

根據研究發現，一個不可否認的事實是，所謂前段學生大部分仍以都會區或高家庭社經背景者屬之，而偏鄉與弱勢家庭學生，平均而言其學習成就是相對較為低落的。因此十二年國教的實施，筆者認為在資源配置上最優先的，應是偏鄉與弱勢學生的挹注與協助；政府的資源要用在刀口上，就應該要雪中送炭而非錦上添花。而要幫助跟不上進度的低學習成就學生，挹注更多教育資源到偏鄉、全面性實施補救教學就成為重要的關鍵。

根據監察院的糾正案文，臺灣學生的國際學生能力評量計畫（PISA）評量結果，我國 15 歲學生在閱讀素養、數學素養、科學素養需要補救教學的比例，分別是 40.2%、28.3%、32.2%。換句話說，每三個國三學生就有一個學生的學習成效是達不到與社會接軌的基本要求的，這是一個多可怕的數字！除此之外，糾正案文指出現況尚有下列缺失：

1. 義務教育國中小畢業條件之「成績及格」沒有明確的定義。也就是說，我們沒有定出一個國民義務教育基本學力的指標，去檢驗每一個學生的學習成果有沒有達到義務教育的下限，有沒有與社會接軌的基本能力。

2. 既然沒有基本學力的指標，自然也就沒有基本學力的檢測機制，以至於讓未具基本讀寫能力或不會四則運算者，依然能夠領到義務教育的畢業證書。

3. 現行的「攜手計畫—課後扶助」及「教育優先區計畫—學習輔導」等補救教學計劃，有範圍不夠廣泛、經費不穩定、教法不夠彈性、時數有限等缺陷，造成的結果是補救教學無法形成一個系統性、完整持續且有效的機制。

二、十二年國教的願景

從教育部的 29 項子計畫可以看出，十二年國教的目標是在資源上讓各高中職均質化、優質化，在學費上讓公私立高中職齊一化，在方向上讓學生適性入學、各展所長。本文做一樂觀的假設，如果這些目標都能達成，上述三類學生在十二年國教之後會有那些不同呢？

就前段學生而言，只要社會追求「贏在起跑點」的心態不變，永遠會有想要進入明星高中的學生，也可預期還是會有明星學校的出現。然而，由於明星學校考試招生名額減少，而免試入學超額比序之標準複雜，是否能因此減輕學生壓力，尚屬未知；但比序採計之某些項目，卻讓偏鄉與弱勢家庭學生之劣勢更為明顯。

例如教育部將「服務學習」列入超額比序項目之一，然這對偏鄉及弱勢家庭學子而言，實屬不公。為了比序積分而參與服務，我們是在鼓勵服務還是功利化服務？對於都會區或家庭社經背景高的學生，其居住環境或家庭條件可以輕易的獲得服務學習的機會，但對於偏鄉學生或是無力瞭解複雜升學制度且社經背景低的弱勢家庭學生，家長多忙於生計但

求溫飽，無暇關心種種比序項目，更無力獲得必要的服務學習資源，這項比序對他們而言只是更沉重且不公平的負擔。

當然，如果高中職的資源真能達到優質化、均質化，那麼即使現制在明星高中門檻邊緣的偏鄉與弱勢家庭學生，在十二年國教後也許只能進入社區高中就讀，雖然仍存在著立足點的不平等，但卻不見得是一個無能負荷的成本。因此，重點不在於取消明星高中，而在於是否能讓所有的學校都很接近明星高中。如果未來社區高中職也能夠教導出許許多多優秀、適性發展的學生，這對於減輕升學主義的標籤效果是有所助益的。

其次，就中後段學生而言，免試入學是否會因此影響他們的學習意願與成效，是教學人員最為擔憂的。義務教育的本質，本就不希望學生將時間用在演練題型成為考試專家，而是在培養一個健全且適性發展的人格以及未來可以貢獻社會的能力。「考試引導教學」的結果，雖然能夠產生讓學生學習的外在誘因，但也扭曲了學習的目的，並讓學生習慣於以分數來標記自我及他人的價值。

若能實現高中職均質化、優質化的目標，對於抱定免試升學的學生來說，去除了考試影響教學，教學人員就可以真正為了學生的人格發展而教學；學習，也不見得非得在課堂不可，這樣的學習才是最有價值的。

事實上現行的高中職排名，等於是一種「能力分校」，讓各個學校的學生程度不致差異太大；但未來的社區高中職，

學生程度可能會跟目前的國中一樣，從 PR1 到 PR75 甚至更高。這麼歧異的差距是否會讓高中走上能力分班的老路；但若繼續強調「有教無類」而不允許能力分班，未來教師將如何針對不同程度的學生「因材施教」，似乎目前並沒有明確的答案；顯然十二年國教仍存在著讓學生成為「白老鼠」的疑慮。

最後，最應重視的是目前學習進度落後，根本追不上課堂進度，而不得不自我放棄的學子，其中來自偏鄉或是弱勢家庭者為數不少。當國家保證他們必然有免費、均質、適性的高中職可就讀時，他們是否會因此找回信心，還是更為得過且過？當政府答應他們在學時給予合宜的適性輔導，以啟發他們的潛能、發掘他們的優勢、確定他們的出路時，學校是否有足夠的人力與良好的機制可以達成目標？免試免費且社區化的九年國教實施至今，仍有 1/3 學生未達到得與社會接軌的基本要求，十二年國教的實施能否因此救回這 1/3 學生？顯然帶好每一位學生，全面實施強制性補救教學是關鍵！

三、強制補救教學

因應十二年國教的推動，以及對監察院糾正文的回應，教育部在 100 年發布「國民小學及國民中學補救教學實施方案」，其方案目標為：一、制定各年級之基本學習內容，界定基本學力。二、有效篩選出學習低成就學生，管控學習進

展。三、扶助每一位學習低成就學生，弭平學習落差。四、確保國中小學生之基本學力，提升學習品質。

所謂基本學習內容，是指「無論課程綱要、標準、教材如何改變，學生在該年級之工具學科中仍必須學習，且學會後始得以順利銜接下一年級之課程」。此與過去「攜手計畫」有所差別，不以 PR 值來定義低學習成就，因為永遠都會有後 35% 的學生。

其次，根據基本學習內容，建立學童基本學力之檢測系統，來篩選出學習落後學生，並即時施以補救教學，以及培訓補救教學師資等等；對於教育部的這項方案，筆者認為的確是回應了監察院糾正文的諸多質疑，也具備改善的誠意，然而一個更核心的問題是，未達基本學力的學生，補救教學是權利，還是義務？

在教育部的「國民小學及國民中學補救教學實施方案」中，表示「將自 100 年起開始修訂國民小學及國民中學成績評量準則，於 100 年 12 月底前發布實施。讓學生負起自我要求之責、教師負起輔導學生適性學習之責、學校對學生負起安排補救教學之責、家長負起與教師及學校共同督導學生學習之責、地方及中央教育主管機關負起管控學習品質之責，俾學生、教師、學校、家長及主管機關正視補救教學之重要性。」

而根據 101 年 5 月修訂的「國民小學及國民中學成績評量準則」第 10 條，則明訂「國民中小學學生學習領域之成績

評量結果未達及格基準者，應施以補救教學，並依教育部所定國民小學及國民中學補救教學實施方案規定辦理。」

根據上述文字，目前的政策方向應是往「強制補救教學」的方向走，只是在文字上寫得較為委婉。如果把基本教育當成一種義務，那麼補救教學就是義務教育的一環，國家有正當性強制國民上學，自然也有正當性強制未達基本學力者接受補救教學。實際上，會拒絕補救教學，或認為學習落後也無所謂的，多是家庭功能不彰、家長無力督促之學生。過去的非強制補救教學，已不是尊重個人意願，而是幾近於放任其自生自滅。

筆者在嘉義實際參與補救教學數年，深知補救教學非但有效，而且必要。教育部跨出這一步，是需要勇氣的！強制補救教學，就是將受教育的「義務」由形式改為實質。也就是說，政府要保障的不是每個國民都能夠「進到學校」，而是都能「學到東西」。這其中，基本學力的檢測機制，以及檢測之後的補救，就極為重要。

根據「國民小學及國民中學補救教學實施方案」，未來篩選學習落後學生的方式是由教學人員推薦參加「補救教學評量系統」測驗，未通過者即應施以補救教學。但若參考其他國家作法，由教師非制度性的推薦，可能仍不夠完備。

美國的「孩子零落後」法案（No Child Left Behind, NCLB），要求三至八年級的學生，「每年」接受州政府閱讀、數學、科學及社會等四科的統一考試，並據此評比各校的辦

學績效；英國的「全國性評量測驗」，要求每位學生在特定學習期結束前（約為一、四、七、十一年級），必須接受國家測驗。

未來評鑑學校的辦學績效時，學習落後學生的「比例變化」，自然應該列為重點項目；但是若學習落後學生的出現因會影響辦學人員的績效指標，這又會阻礙第一線教學人員通報學習落後學生的誘因。因此，統一由政府做全面的評量測驗，並藉此發現學習落後學生，即時施以補救教學，可以解決誘因矛盾的問題。

四、十二年國教與偏鄉及弱勢學生

綜上分析，本文擬從偏鄉與弱勢學生的角度，對擬議中的十二年國教政策，提出下列建議：

（一）落實「國民基本教育既是權利亦是義務」的主張

人民有受國民教育之權利與義務，因此在十二年國民基本教育政策下，人民有要求政府提供均質化、優質化國民基本教育之權利，但同時人民也有接受國民基本教育之義務。因此政府有權要求人民必需具備基本的教育能力，未能通過基本教育能力檢測者，必需接受強制補救教育，通過基本教育能力檢測後，才能獲頒畢業證書。

（二）檢討廢除不利偏鄉與弱勢學生之超額比序項目

對於偏鄉與弱勢學生相對不利之入學超額比序項目，例如服務學習等應予以廢除，以符公平正義原則。如果真無法廢除，就應設法保障每一個學生都有參與服務學習的資源。

（三）健全與強化適性輔導之機制與人力

適性輔導機制是否健全、輔導人力是否充足是十二年國教能否成功的關鍵，特別是針對學習成就落後的學生，如何透過適性輔導，啟發他們的潛能、發掘他們的優勢，開創他們未來的人生大道，教育單位是責無旁貸的。

（四）偏鄉地區全面實施數位遠距補救教學

偏鄉地區教育資源匱乏、數位落差嚴重、國際視野不足、專業師資欠缺，對偏鄉學童的課業學習及適性發展非常不利。因此，政府未來應該挹注更多的教育資源，全面建構同步或非同步的偏鄉數位遠距教學機制，發展出一套可長可久、有效且可全面複製的運作模式，期望透過數位遠距補救教學，能突破現有偏鄉補救教學與適性輔導之限制。

（五）全面實施「改良式常態分班」以提升教學成效

免試免費社區化入學制度實施後，各校各班的學生素質將更加參差不齊，為了確保教學成效，政府應該提供誘因

鼓勵各校以跑班或混合編班方式，全面實施「改良式常態分班」，讓教學人員能夠真正的「因材施教」，以實質符合「有教無類」的教育本質。

（六）全面實施強制性補救教學

1. 國中學生在一年級入學時以及每學期末，必須進行基本學力檢測，以定期檢驗學習成效。基本學力檢測與升學或在學成績完全無關，不會因此增加學生的壓力。學期末檢測結果未達基本學力要求的學生，應強制於寒暑假或課後接受補救教學，讓學生在下學期開始即能跟上進度。

2. 國一新生入學之檢測結果，應作為原畢業國小辦學績效評鑑之重要依據；學期末之檢測結果，應作為就讀學校辦學績效評鑑之重要依據。

3. 教育主管單位應以制度鼓勵教學人員在課堂上主動發現學生學習落後情形，並經由線上基本學力檢測系統的即時檢測，適時施以補救教學。若教學人員隱瞞或未能事先發現學生的學習落後，直到學期末之統一檢測時才篩選出，則應加重對該校績效之負面評比。

4. 補救教學之師資應正職、專職化。過去補救教學師資多以退休教師或大專生為來源，在「強制補救教學方案」中，雖規定 102 年起，現職教師需研習 8 小時，現職教師以外之教學人員需研習 18 小時，始得擔任補救教學師資，但仍是以「兼職」的角度來看待。最好的老師，就應該要

放在補救教學這個最困難、也最值得投入資源的領域；對於學習速度較慢、自我信心不足、家庭功能失衡、乃至於正處叛逆期的學生來說，要讓他們對學習產生興趣、跟得上學習的進度，應該是要由最優秀的老師來擔任，而非退休人員或無經驗之新手。101 年國一新生入學人數預測為 285,182，估計到了民國 108 年將大幅下降為 198,704，學生數減少 30%，表示教師的來源會日益充裕，更能夠照顧到每一位學生。

五、結語

基本教育並不是菁英教育，也不是資優教育，而是培養每一位國民健全人格及與社會接軌能力的教育。都會區及家境優渥、社經背景高的學生，對政府資源的依賴較低；偏鄉與弱勢家庭學生如果夠聰明且肯上進，即便在義務教育的時候走得慢一些，也不致影響到其日後的學習。

因此，在「不把錢花在教育，就要把錢花在監獄」的邏輯下，對於目前普遍被社會忽視或在自我放棄邊緣的偏鄉、弱勢家庭且學習成就落後的學生，我們應該將其置於政策考量的最優先順位。這些學生的家長可能沒有社會的話語權，他們的心聲可能無法成比例的反映在媒體上，但他們的成長或迷失，依然影響著臺灣的每一個人。而要幫助這些學生，一個完善的、即時的、強制的補救教學，就是國家義務教育的一張保護網，可以保障每一個不慎落後的學生，有迎頭趕上的機會。

回　應

陳益興
教育部政務次長

一、十二年國民基本教育實施與背景緣起

（一）緣起

1. 歐美國民教育權的理念已由義務說轉為兼具義務與權利說。

2. 我國國民教育因應時勢從初等教育延長至高級中等教育。

3. 大幅增加高級中等教育投資以帶動新世紀整體教育革新。

4. 建立延長國民基本教育的共識以穩健推動新世紀百年樹人領航計畫。

（二）實施背景

自民國72年開始歷經近30年之倡議；至99年8月第八次全國教育會議，社會各界對推動十二年國民基本教育具高度期待，因此，馬英九總統於建國百年元旦祝詞宣告：103學年度全面實施十二年國民基本教育。我國百年樹人的教育建設又邁向一個新境界。

（三）政策定位

　　1. 形成共識，啟動延長；2. 分二階段，穩健推動；3. 機會均等，穩健推動；4. 自願入學，不必強求；5. 有條件免學費，減輕負擔；6. 縣市為區，免遷戶籍，就近入學；7. 校校優質，公私立皆好；8. 類型多元，適性選擇；9. 免試為主，特色招生為輔；10. 教學正常，確保素質。

二、十二年國民基本教育的內容架構

（一）三大願景

　　實踐「成就每一個孩子、提升中小學教育品質、厚植國家競爭力」的教育人省思。

1. 成就每一個孩子

　　營造以因材施教、多元進路取代以智育為升學導向、考試領導教學之現象。

2. 提升中小學教育品質

　　期待群星爭輝的優質學校，而非僅是眾星拱月的明星學校。

3. 厚植國家競爭力

　　十二年國民基本教育提供行行出狀元的升學制度，並引導學生適性發展、適性揚才，以優質的國民基本教育做啟航，全面提升國家競爭力！

（二）五大理念

十二年國教所依循的教育理念是：1. 有教無類；2. 因材施教；3. 適性揚才；4. 多元進路；5. 優質銜接。

（三）六大目標

十二年國教要實踐的教育目標是 1. 培養現代公民素養；2. 引導多元適性發展；3. 確保學生學力品質；4. 舒緩過度升學壓力；5. 均衡城鄉教育發展；6. 追求社會公平正義。

（四）七大面向與 29 個方案

1. 學費政策，包括 3 個方案；2. 優質化均質化，包括 8 個方案；3. 課程與教學，包括 5 個方案；4. 適性輔導國民素養，包括 6 個方案；5. 法制，包括 1 個方案；6. 宣導，包括 2 個方案；7. 入學方式，包括 4 個方案。詳如圖一。

三、十二年國民基本教育四個視野

（一）平等視野：立足點的平等

貫徹機會平等是教育最重要的原則：

1. 平等對待每個學生，不論其出身、資質、現在成就……，要相信每個學生都具有無限的可能。

2. 平等對待每所學校，不分高中高職、不分公私立、不分城鄉，要重視每所學校都有其貢獻。

3. 平等對待每位教師，不論任教學科、不論是人師、經師、良師。

三大願景
- 提升中小學教育品質
- 成就每一個孩子
- 厚植國家競爭力

五大理念
- 有教無類
- 因材施教
- 適性揚才
- 多元進路
- 優質銜接

六大目標
- 培養現代公民素養
- 引導多元適性發展
- 確保學生學力品質
- 舒緩過度升學壓力
- 均衡城鄉教育發展
- 追求社會公平正義

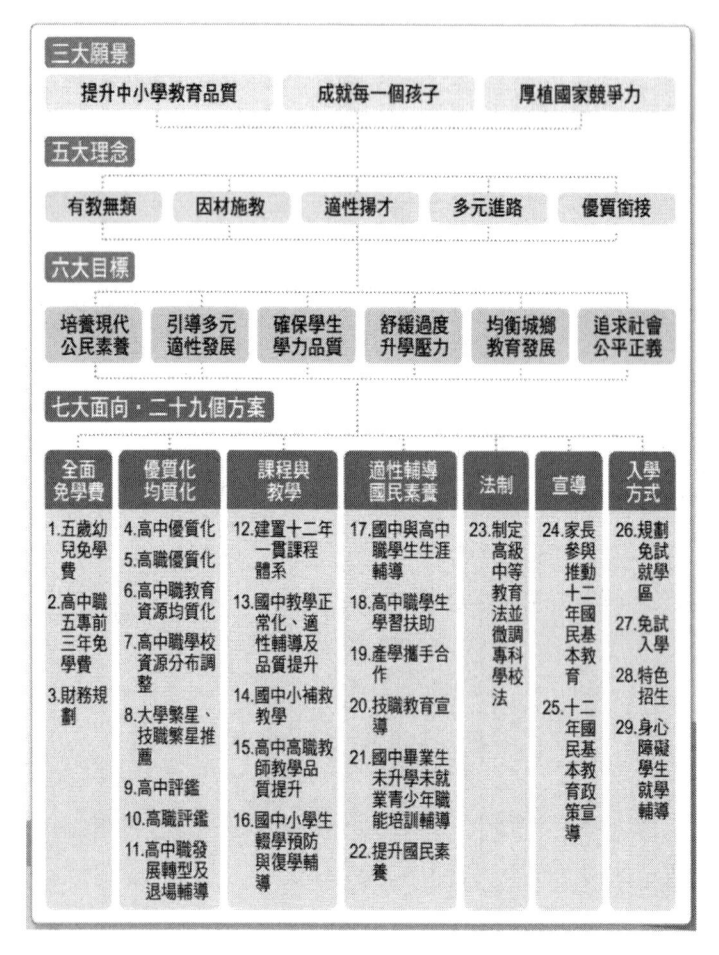

七大面向・二十九個方案

全面免學費	優質化均質化	課程與教學	適性輔導國民素養	法制	宣導	入學方式
1.五歲幼兒免學費 2.高中職五專前三年免學費 3.財務規劃	4.高中優質化 5.高職優質化 6.高中職教育資源均質化 7.高中職學校資源分布調整 8.大學繁星、技職繁星推薦 9.高中評鑑 10.高職評鑑 11.高中職發展轉型及退場輔導	12.建置十二年一貫課程體系 13.國中教學正常化、適性輔導及品質提升 14.國中小補救教學 15.高中高職教師教學品質提升 16.國中小學生輟學預防與復學輔導	17.國中與高中職學生生涯輔導 18.高中職學生學習扶助 19.產學攜手合作 20.技職教育宣導 21.國中畢業生未升學未就業青少年職能培訓輔導 22.提升國民素養	23.制定高級中等教育法並微調專科學校法	24.家長參與推動十二年國民基本教育 25.十二年國民基本教育政策宣導	26.規劃免學就學區 27.免試入學 28.特色招生 29.身心障礙學生就學輔導

圖一　十二年國民基本教育系統架構

（二）正義視野：中心點的正義

體認教育是社會最基本的正義力量，教育具備正義特質，民主社會才得實現；教育正義展現在：

1. 扶助<u>弱勢者</u>，不論是經濟的、學習的、區域的弱勢都要扶助。
2. 珍視<u>資優者</u>，不論是學術的、職業的、體育的、藝能的資優皆受珍視。
3. 重視<u>普通者</u>，他們是大多數，是社會最實在的穩定力量，應以之為重心。

（三）特色視野：光亮點的特色

理解特色創新人才是國家菁英教育的標的，要弭除特色招生等同明星學校的迷思。

1. <u>校校發展特色</u>，但非校校辦理特色招生。
2. 認證為<u>是優質或評鑑優良的學校</u>，皆可申辦特色招生。
3. <u>真有特色</u>，才可能申辦成功。

（四）適性視野：從起點到終點

輔導每個學生適性發展是最公平的教育；栽培每個學生適性揚才是最重大的教育成就。

1. 落實<u>適性輔導</u>：從幼教、小學、國中、高中職及五專、大學。
2. 提供<u>適性環境</u>：從學校、家庭、社會、課程、教學。
3. 輔導<u>適性選擇</u>、助成<u>適性發展</u>實踐<u>適性揚才</u>。

四、教育之於人生,如同黎明之於大地

教育必須重視機會均等及適性學習,本人認為可以教育三論通貫之,包括:以生命關懷之本體論、以完全學習之方法論、以全人發展之目的論加以整全實踐。而這也是十二年國民基本教育規劃實施之價值基礎。

五、結語──教育人的祈禱

實踐十二年國民基本教育,讓教育成為每個孩子的夢土、活水、空氣、陽光。

(一)以培育人才取代拚升學率

祈禱教育能強化「學思並重」、「教學相長」、「服務學習,」「培育人才」,取代「大考小考」、「您講我聽」、「分分計較」、「拚升學率」之學習方式。

(二)以務本教育取代偏傾教育

祈禱教育能涵泳:深刻、趣味、美感、技藝、體適能之務本教育取代史地放空檔、美勞不必上、體育樹下涼的偏傾教育。

(三)以適性追夢取代考試追分

祈禱教育能孕育:五育並重、多元適性的追夢知識人取代主科、副科、一元、偏智的考試追分人。

（四）以陽光少年取代艱辛學子

祈禱教育能培育：在家、學校、運動場的陽光少年取代在家、學校、補習班的艱辛學子。

（五）讓三大不均消弭無蹤

祈禱教育能營造：適性揚才、城鄉並重的公私立學校良性競爭，以取代高中職不均、城鄉不均、公私立學校不均長期存在之偏失。

（六）讓培養全人發展的學風取代考試中心的偏風

祈禱教育能培育：家事、國事、天下事、事事關心的學子取代考試、考試、大小試身心俱疲的學子。

（七）讓充滿溫暖人文的家庭與鄉里能成為代代孩子的生長夢土；通貫五育並重的學校與社會，成為代代孩子的發展活水。

（八）讓洋溢適性揚才的教育風尚能成為代代孩子的學思空氣；貞固師道志業的人師與經師，成為代代孩子的人生陽光。

回　應

邱文嵐
嘉義縣梅山國民小學校長

一、前言

　　十二年國民基本教育的實施及提供多元適性的入學方式是社會各界長期以來的期待，希望藉由十二年國民基本教育之免試入學及免學費等方案，提供每位學生皆有機會進入高中、高職及五專就讀，保障就學機會的均等，符應有教無類的基本理念。然而每個人的資質、智能、文化、興趣、性向、地區差異、家庭背景等皆有所不同，因此學校如何掄才？教師如何改變及教學？課程教材如何發展？學生如何學習？學校如何發展特色提升品質？畢業生的就學方式與如何選擇適合學校？弱勢學生的照顧機制？低成就學生的補救教學？種種問題的顯現，難免造成學生的擔心、老師的恐慌、家長的憂慮、社會的疑慮，教育部推出十二年國民教育實施計畫工作原則及方案有 10 方案，十二年國民教育實施計劃配套措施有 19 方案，總共有 29 方案做為闡釋入學方式、學區調整、免學費、高中高職優質化均質化、教學正常化、適性輔導及品質提升、課程連貫與統整、學校資源分布與調整、師資人力發展、國民素養提升、高中職評鑑與輔導……等各種說明，

這些方案目標與理想的達成，十二年國民教育實施的成敗，我想最重要也是最關鍵的點仍在於是否展現真正的公平與達成真正的社會正義。

二、十二年國教的理念

十二年國教推動的理念基本上以九年國教為基礎，其理念如下：

1. 有教無類：高級中等教育階段是以全體 15 歲以上的國民為對象，不分種族、性別、階級、社經條件、地區等，教育機會一律均等。

2. 因材施教：面對不同智能、性向及興趣的學生，設置不同性質與類型的學校，透過不同的課程與分組教學方式施教。

3. 適性揚才：透過適性輔導，引導學生瞭解自我的性向與興趣，以及社會職場和就業結構的基本型態。

4. 多元進路：發展學生的多元智能、性向及興趣，進而找到適合自己的進路，以便繼續升學或順利就業。

5. 優質銜接：高級中等教育一方面要與國民中學教育銜接，使其正常教學及五育均衡發展；另一方面也藉由高中職學校的均優質化，均衡城鄉教育資源，使全國都有優質的教育環境，使學生有能力繼續升學或進入職場就業，並能終身學習。

回應

　　從上述的理念「有教無類，教育機會均等」的概念是普世價值，我國教育基本法第三條「教育之實施，應本有教無類、因材施教之原則，以人文精神及科學方法，尊重人性價值，致力開發個人潛能，培養群性，協助個人追求自我實現。」第四條：「人民無分性別、年齡、能力、地域、族群、宗教信仰、政治理念、社經地位及其他條件，接受教育之機會一律平等。對於原住民、身心障礙者及其他弱勢族群之教育，應考慮其自主性及特殊性，依法令予以特別保障，並扶助其發展」中亦有明確宣示，然教育機會的均等卻隱然存在於縣市的不同、城鄉的落差、貧富的差距、社經地位的不同而有不同的發展與待遇。適性揚才、多元進路基本上可發掘學生的優點，落實因材施教的理想，讓學生的潛能得以充分發揮，但學生的「興趣」與「才能」如何知曉？老師如何透過輔導機制或性向測驗了解學生的「興趣」與「才能」，懵懂的孩子如何透過工具的篩選與解析，來了解自己的「興趣」與「才能」。在多元進路、特色招生中，有許多的特色諸如語文、藝術、音樂、體育……等各種「才能」，事實上有些必須有「財」才有「才」，對經濟弱勢的家庭來說，是嚴重的經濟負擔，對弱勢的孩子來說，又如何因有「財」而有「才」呢？如何在特色招生中脫穎而出呢？如何讓公平正義的理想實現，這些都是必須在適性揚才、多元進路方案中必須思考的課題。在高中、高職、五專優質化、均質化方面，除非全國高中職都全面提升品質，達成全部皆優，各項設備、師資、教學環境皆齊一標準，否則仍有偏鄉高中、市區高中，仍有

普通高中、明星學校,家長仍有良莠不齊之疑慮。若有此疑慮,明星高中的迷失無法破除,那就近升學、社區高中的美意勢必大打折扣,優質化、均質化的理想勢必無法實現。

三、免試升學 VS. 學力降低的隱憂

　　免試升學方案緣於民國 90 年起全面推動的高中、高職、五專多元入學方案,並自 96 年起免基測、學測的入學管道為基礎下,以每一個人受教育及入學機會均等的平等論、學生潛能發揮之菁英論、照顧弱勢學生之正義論、學生個別需求適性輔導之適性論為核心理念,逐年提高免試升學比率,達到國中教育轉向注重學生學習潛能之發揮與多元適性之發展。目標如下:

1. 開展學生多元智能,舒緩學生升學考試壓力。
2. 發揮教師專業能力,提高教師課程教學品質。
3. 強化學校辦學特色,增進學生適性學習發展。
4. 關懷不同地區學生,縮短城鄉教育資源落差。

　　十二年國教以免試升學為主,只要登記入學即可升學,是否會因為「不用考試了」,而降低學生學習的動機與意願,反正「不讀書也有學校可讀」,因此造成整體國民素質的降低,學生學力、能力大不如前的疑慮,因此對於基礎學科如語文、英文、數學、自然科學、社會科學等應訂定基礎能力檢測,做為每一階段應學會的基點,以作為進階之依據,未

達基準者應有強制性的補救教學措施,當再次施測時若能達基準,方予過關。在教師的心態與教學、課程設計方面皆應有所因應與改變,許多學校也已經從課程規劃、教師研習、社團活動展開改變的行動,但有大部分老師仍處於被動、觀望狀態中。十二年國教免試之後,教師無需忙於各種大考小考,教學也無需反覆做機械式練習,教師的教學應把學習權交回學生身上,以學生為教學主體,他們是教學歷程中的主角,主動權應操之在學生身上,但如此改變的認知,老師準備好了嗎?

四、免試升學超額比敘的公平正義

自103學年起配合十二年國教之實施,免試入學停止採計國中學生學習領域評量成績,學生免試入學不得定訂門檻或條件,當登記名額未達招生名額時,全部錄取,當登記名額超過招生名額時,應訂定比序條件,其條件應符合

1. 公平性:比序條件應符合公平原則,促進教育機會均等。
2. 教育性:比序條件要符合教育目標,如舒緩升學壓力、重視學生多元智能、促進教育機會均等。
3. 可操作性:兼顧入學管道之可行性與完整性,各校訂定比序條件時,應與學校(科、班)之特色相符應。

以嘉義為例,超額比序之項目有六大項:1. 志願選擇、2. 均衡學習、3. 適性輔導、4. 多元學習表現(含(1)品德表現

（獎懲）、(2) 服務學習、(3) 體適能、(4) 競賽成績、(5) 英文能力）、5. 特殊加分（總統教育獎、孝行獎）、6. 國中教育會考（達精熟每科 5 分、達基礎每科 3 分、待加強每科 1 分），6 項總計滿分 87 分。每一縣市學區比序條件皆不一，有些區比序條件有不合理之情況，如志願序與抽籤項目，依照志願序給予不同分數，但這個設計和學生表現無關。抽籤方法則齊頭式的公平有餘，但靠運氣的方式則塑造努力不如運氣的價值觀，求神拜佛反而比努力用功更有效，有些學校規定家長參加學校的各種活動如班親會、家長會、親職活動即可獲得記功嘉獎，在經濟不景氣下，家長忙著賺錢都來不及，根本沒空參加班親會或學校活動，這種規定相對於弱勢家庭就是變相的處罰，也不符合公平正義的原則。以往國中課堂上是考試引導教學，現在則視升學方式、入學制度引導教學，有明星學校絕對會產生超額比序的問題，如何依據上述三項原則訂定一個可受公評，符合真正公平正義的比序辦法，避免民怨沸騰，怨聲載道，是實施十二年國教需深思熟慮的課題。

五、補救教學應對症下藥

對於學習資源不足、落後的弱勢學生來說，考 100 分對他們來說是很遙遠的事，如何讓他們聽懂老師的上課內容，趕上其他同學的進度，推動補救教學與課後輔導機制就顯得格外重要，尤其推動免試教學後，對這些原本就成績落後的

同學,若不施予補救教學更如同雪上加霜,加速其成就的低落。有鑒於此,為推動補救教學,教育部成立「攜手計畫學生評量系統」網站,由老師列出需輔導的弱勢學生參加線上評量,進行國、英、數等篩選測驗,沒通過就要由學校實施免費補救教學輔導。然而「攜手計畫——課後扶助」將班級成績 35% 或 25% 之學生界定為學習低成就者,易產生班際、校際、城鄉間之學習成就表現差異問題,缺乏客觀性;另將攜手計畫課後扶助篩選追蹤輔導轉銜試辦計畫評量系統標準化測驗結果未達 PR35 者界定為學習成就低落,則會因常模的不同而有所差異,且無法得知學生是否具備該年級相關工具學科之基本學力。這些可能都是補救教學可能出現的盲點。孩子學習的問題不盡相同,老師須找出疑難雜症,開立合適的處方籤,對症下藥,如隔代教養、單親、新臺灣之子或許文化刺激不足、或語文能力欠佳、或乏人指導功課,均需「因地制宜、因材施教」才能發揮成效。

六、結語

十二年國教即將上路,各界對十二年國教抱持很大的期望,但也有些許的疑慮與擔憂,我相信透過 29 方案的實施與執行,可降低社會對十二年國教的疑慮,我們也相信如蔣部長回應外界質疑十二年國教是否準備好了?蔣部長所說的「我們準備好了!」,希望在照顧弱勢、兼顧公平正義的原則下,達成十二年國教的改革目標。

回　應

陳育恬
嘉義縣民和國民中學輔導主任

　　自十二年國教起跑後，高達 29 項的子計畫著實讓教育單位的師長們動盪不少，面對新政策夾雜著許多不確定、不知道、不明瞭，使得第一線的老師們無所適從。新舊政策交接的同時，如能藉此改善舊有政策計畫，配合十二年國教之精神與內涵，才能讓這項的改革具實質的意義。

　　然而，雖屢見輿論、公聽會、或各民間、學校團體提出質疑，終究還是以中央的角度在發聲，或以都市的立場在喉舌，對於偏鄉、弱勢及學習低成就的學生的背景問題卻是鮮少注力！很高興也很感謝簡教授，能看見偏鄉與弱勢教育的盲點，並提出讓大眾一起注重此課題，進而希望給予建議以幫助這一群學生，對於身為偏鄉教師同時也是十二年國教政策第一年試驗者家長的筆者，確實是一道曙光！

　　根據「從偏鄉與弱勢看十二年國教」一文所提出的見解，以下提出個人之拙見：首先針對十二年國教免試入學之超額比序該項，的確如簡教授所提的諸多現象，最後是導致更大的「M型」極端結果。從該比序辦法公布後，國中學校主科老師的授課仍是以考試引導教學，傳統填鴨式教學外加一大

堆偏頗艱澀、斷章取義的測驗卷，因為老師們認為學生必須達「精熟」能力，還是得加強學科。所以城市小孩也並未見其課後輔導減少，卻還要增加才藝課程、服務學習等，而偏鄉及弱勢家庭，仍然無力負擔與解決如此額外教育的經濟與時間問題，以敝校的經驗，中後段家長通常存在著小孩畢業後有學校念就好了，根本不重視課業，也不在乎小孩高中的進路為何，更別提及什麼是超額比序，既然這樣的政策是照顧不到中後段學生，如何拔擢環境不利的璞玉呢？

至於超額比序中「服務學習」該項，都市的父母善於運用資源來讓孩子參與，而偏鄉地區只能靠學校開設提供學生參與，如果最終仍是落入學校的責任，那筆者不禁納悶，服務學習既是品德教育的一環，當我們希望國人能建立該素養，不就應該像臺大一樣將服務學習置於基本學分中，究竟服務學習是一種必要的修養還是升學的籌碼？

簡教授長期深耕於嘉義地區弱勢學童之補救教學，深知偏鄉與弱勢家庭的孩童，白天在學校所學，回家若不複習及再演練，勢必是缺乏學習成效，因此補救教學的確是有其可行性與成效性，民間團體可以設定目標且不受政府約束辦教育，針對學生問題來解決，反觀政府辦理之攜手計畫，正是補救教學的政策，然而在日前監察院的調查報告中提出參加該計畫的學生在實施前後並未看見顯著成績進步，原因何在？根據筆者擔任教務主任期間辦理該計畫所看見的問題，有下幾點：

1. 是安親還是補救：家長讓孩子參加攜手計畫大多是因農忙較晚加上無力管教，參加學校開設課程是杜絕孩子在家玩電腦、看電視或在外遊蕩，當「安親」的心態大過於「補救」時，孩子的學習態度不對，自然上課也缺乏動機。

2. 師資不足：攜手計畫中明定授課教師可以是退休教師、大專生及合格教師，但筆者辦理該計畫時，找不到退休教師有意願來上課，退休教師大多就是因為要享清福才離開職場，來上課非但沒有薪水還要來受學生氣，何必跟自己過不去呢！至於大專學生騎著機車到半山腰的學校上課，下課後摸黑騎山路回家，不小心摔車，鐘點費都還不夠付醫藥費呢。再者，大專生雖有一股熱情但缺乏教學經驗與技巧，對學生無法施展恩威並重之望，只能讓學生欺負導致課程無法繼續，學校行政單位還要為此協助解決層出不窮的師生衝突，製造更多問題。因此敝校採用校內教師進行教學，雖然有銜接白天與夜晚課程之好處，但老師們承受白天上班的辛勞，晚上還得加班，超時工作身心俱疲，拋家棄子，教學動力也已被澆熄，教學內容也難有品質。

3. 行政規範嚴苛卻未強迫實際需要補救教學之對象：攜手計畫嚴格規定授課時間、授課時數、上課人數、上課科目等，缺乏因地制宜的彈性作法，使得偏鄉學校難以真正落實補救教學，而真正需要參加補救教學的學生卻可以依意願選擇是否參加該計畫，難怪成績始終未有起色。

4. 經費不穩定：經費每年申請一次，核定金額不固定，每次

申請都處於經費被刪除的忐忑中，無法長期規劃有計畫之教學。攜手計畫寓意雖佳，然偏鄉地區在執行面上的困難卻未見解決。

至於適性輔導部份，目前正如火如荼的進行，包含職涯探索及專任輔導教師的到位等，的確在適性輔導該區塊注入了新動力。特別是在高中職端均質化計畫中挹注了許多經費，每個高中職開始廣開職群試探課程，多元化且彈性化，看來似乎是能讓學生去尋找自己所「愛」的職群，一窩蜂的課程開出，學生就興趣與時間去考量參加與否，若是在上課時間參加，不僅影響課程進度，帶隊老師也得陪同而影響教學；若是在假日辦理，雖不影響課程，然而偏鄉地區交通不便，家長也未能重視，能參加者還是少數，導致高中職端到處找學校合作，最後衍生出部分高中職端為了核銷經費造成了一陣搶學生參加的窘境，而學生對於諸多的課程也愈來愈沒興趣了。

讓筆者較為擔心的是適性教育的蓬勃發展，學生太早接觸職群造成「定型過早」，筆者問畢業生為何選擇該科系就讀，真的有興趣嗎？學生的回答通常是嘉義地區就幾個科系而已，他們一點都不知道自己合適做什麼，亦即他們並非喜好該職群，只是因為接觸過不排斥只好去念，偏鄉地區學生文化刺激不利，所見所聞十分侷限，是否真能由社區化教育來一展長才，或是掩飾了另一個「吳季剛」？

最後，原住民學生也是十二年國教被忽略的一部分，以

往原住民得在通過族語認證後，基測成績加 35% 來填寫志願，廢除基測後，原住民升學管道平白被剝奪了，免試入學的超額比序目前尚未看到有利於原住民的部份。雖然各校可提出原住民獨立名額，只由原住民申請，但名額始終有限，原住民在這個制度下儼然被漠視了！

　　從上所述，筆者相當同意簡教授所提出的六項建議，對於偏鄉及弱勢學童挹注更多關切與教育資源，傾聽他們的聲音，看看現場教師與行政人員的困境，在做法上能因地制宜，並給予更多支持，才能真正落實十二年國教的目標與精神，讓國人基本素養提高，生活水平才會隨之提昇，才不枉費教育的功能與意義！

數位資源的分配與公平正義——
南部觀點

盧宓承
稻江科技暨管理學院行動科技學系助理教授兼主任

資源公平分配,才稱分配正義;如何分配,才能算是公平正義?資源分配追求公平正義,以正確的政策方向來引導社會的發展與變遷,本就是收取稅金服務人民的政府之重要課題。

日本趨勢家大前研一以 20 年的觀察,寫下了《M 型社會》一書,描述了中產階級消失的現象,社會結構由鐘型轉成 M 型雙峰化的現象。臺灣社會在許多方面也逐漸的呈現雙峰現象,甚至莊淇銘(2006)更認為臺灣的貧富差距持續擴大,會由 M 型雙峰惡化成「高跟鞋型社會」,高跟代表富有的少數,其餘人們的收入就像高跟鞋的斜率一樣快速下滑。

從南部觀點看來,臺灣社會的資源分配,向來重北輕南,臺灣社會的南北差距正在逐漸的拉大,從家庭政經地位、南北資源分配、學生學習成就等方面看來,都呈現「高跟鞋型」變遷,南北落差,日益顯著,南部雖然人口及創稅相對較少,但在稅率相同的情形下,南部本來就有權利要求足夠充分的基礎建設,以及公平的發展機會,政府應該積極地彌補南北實質上的資源分配落差,建構公平正義的社會。

政治經濟學者亞當・史密斯（Adam Smith）曾提出看法，認為教育等重要社會事務不應放任自由市場運作，而應由政府負責。個人認為，數位資源的分配，在現代社會影響深遠，就是亞當・史密斯提到的不可以放任市場自由運作，而必須由政府介入分配的公共資源。

當我們提供較多的資源給相對弱勢時，雖然資源分配是不均等，但卻符合公平正義原則，就如同亞里斯多德的名言：「給不同條件的人相同待遇，就像給相同條件的人不同待遇一樣不公平」。以數位資源的分配來說，南北差異已經到了必須正視考慮以過正來矯枉，在南部投入加倍於北部的數位資源，才得以均衡發展南北的數位環境。

John Stuart Mill 也曾經提出「社會與分配正義」（social and distributive justice）的主張，將社會正義與分配正義相提並論。Mill 主張公平的機會平等，降低各種「背景」因素對個人生活機會及經濟能力之影響，以防止一個按階級和家庭背景來分配社經資源等級的社會出現，政府絕對有必要以立法、制度改革、調整財政收支劃分、資源正確重新分配等手段，來矯正社會，以使其合乎正義。

J. Rawls 在其著作《正義論》（*A Theory Of Justice*）中，也論證了正義的原則，強調了每個人的平等基本權（equal basic liberties），以及機會均等原則（the principle of fair equality of opportunity），社會的不平等分配，必須使處境最不利的成員獲得最大的利益（即差異原則 the difference principle），且不得以改善社會及經濟的不平等為由，去侵

害各項平等的基本自由權。Rawls 主張在社會和經濟的不平等之下，必須盡量將知識、能力、社會關係、文化背景以及其他自然、社會環境、及家庭背景因素等各種差異造成的不平等減少到最低程度，促使「處境最不利的成員」獲得最大的利益，符合差異原則之精神。

原本，在現代社會的發展模式中，藉由數位化環境的建立，可以非常有效的改善資源差距，資訊資源的提供可以讓許多家庭免學費取得知識、經驗與智慧，去除時間空間限制及中間商剝削，不需店租人事，以數位資源完成個人及家庭的學習成長與經濟提升，政府投入相對較低的成本，就可以解決很多的社會、失業及經濟發展問題，但是，目前政府並沒有數位資源分配的完整公共政策，沒有專責的部會負責規劃推動數位資源分配的公平正義，讓各縣市政府自行處理，南北差距就益形擴大，現行財政收支劃分，南部縣市由於人口、創稅能力受限，總體資源不足，縣市執政首長考慮到預算有限，規劃排擠，在推動行政服務、人事、交通、環保、教育等基礎建設之外，即使有心，也很難有餘力可以建構施行現代化的數位環境，是故，數位資源的南北落差，也和財政、教育等其他資源一樣，不斷惡化。

舉例來說，政府推動九年一貫教育，從教育部到各縣市都高喊國際化、全球化口號，我們觀察到雖然經濟大環境不佳，平均薪資負成長，但是北部的學校仍然有資源可以引進外籍教師，雙語學校如雨後春筍般在都會區設立，學生全程用英語學習、進行活動，更透過先進的視訊、網路方式，和

世界「零距離溝通」，然而南部大多數地區的學生，仍然在原有的教室，上原來的課程，甚至在家庭可支配收入減少的情形下，連家中的光纖網路都暫時中斷，停止課外學習，這種現象，突顯了教育機會不均等愈來愈嚴重，數位資源分配的不公平，讓教育正義、社會正義的實踐愈來愈遠。

數位資源分配，本就應追求穩定的自然鐘型分配，但是，臺灣社會的發展，中產階級既不是高社經地位的一群，擁有豐富的資源，也不像真正的弱勢，受到社會或大眾的支援，中產階級正往下沉淪為中、下階級，近年來，整體經濟環境不如預期，更激化這樣的趨勢，加速高跟鞋型社會的演變，不在高鞋跟的一端，就只能終日勞碌奔波，無暇他顧社會的數位變遷，子弟的數位機會流失，在這樣的數位社會中，階級發展的落差日益擴大。

臺灣的貧富差距愈來愈嚴重，資源相對集中在社經地位好的北部地區，北部學童上才藝班、出國遊學、參加補習、讀高學費的貴族學校，但南部有相對較多的經濟困窘以及資源匱乏的家庭，面臨的經濟壓力大，很難自行建置數位環境，又缺乏政府的支持，沒有公平的現代數位發展機會，導致子弟數位學習成就低落，在雲端、行動應用普及的現代數位社會，處於競爭劣勢，無法融入找尋新的機會，整個家庭一代一代愈來愈沒有競爭力，坐視數位行業取代傳統，在數位競爭上，不僅輸在起跑點，而且「一路輸」，成為被數位時代遺棄的族群。

數位資源的分配與公平正義——南部觀點

在臺灣現在的高跟鞋型社會中，家庭的數位投資與支援相差甚遠，臺灣社會弱勢家庭的聲音微乎其微，甚至社會已合理化弱勢家庭應從事勞工，不必提供弱勢族群最低限度的發展機會，也不必建構一個公平正義的數位發展環境，我們認為，弱勢家庭的孩子應該比來自富裕家庭的孩子得到更多政府提供的數位機會，有能力追求階級的流動，社會才有真正的公平正義。

數位落差是指擁有使用資訊資源及網路能力者，與沒有使用資訊資源及網路能力者之間的差異，數位資源分配不公所造成的數位落差，表現在社會面上，就是資訊取得不易、教育機會少、工作機會少、收入偏低，相對弱勢的南部家庭，他們翻身的機會，就在提供公平的數位資源，在現代雲端化、行動化的社會發展趨勢中，帶動社會階級流動，帶給他們希望與未來，。

行政院為了縮短數位落差，在民國 94 年起推動了三期的「偏鄉數位關懷推動計畫」，由教育部在各地逐漸設立「數位機會中心」，目標第一期（94～96 年）訂為「縮減數位落差」，第二期（97～100 年）為「創造數位機會」，第三期（101～104 年）為「深耕數位關懷」，積極希望可以協助偏遠地區民眾及弱勢學童，學習資訊應用與數位服務，但是，南北數位資源的分配還是不符公平正義，不論是教育、家庭及社會面向，北部和南部的資訊環境落差還是隨著資訊科技的進步日益擴大，資訊富人和資訊窮人的貧富落差，還是存在區域、群體與組織之間的差距，難以弭平。

行政院及教育部委託民間團體與部分大學，成立輔導團隊來營運數位機會中心，希望可以結合政府和民間的資源，共同提供弱勢戶享有公平的資訊科技環境應用機會，並且招募資訊志工來協助鄉鎮社區文化典藏、鄉鎮社區產業行銷、培訓鄉鎮民眾資訊素養，也期待可以導入相關科系大學生，提供弱勢學生資訊教育與扶助，培養對大學生關懷社會的情操。行政院和教育部的立意良善，目標正確，但是資源投入太少。

根據 Rawls 的名著《正義論》，社會資源不應平等分配，必須使處境最不利的成員獲得最大的利益，由此觀之，政府目前在南北數位資源分配的公平正義上所做的努力明顯不夠，以數位機會中心建置來說，各地普遍都有經費有限、軟體硬體老舊無力更新、沒有資源維護、設備失修閒置、網路頻寬不足、合格師資難聘、課程沒有標準、輔導團隊更替及機會中心設置地點難尋，常有變動等問題，還要辦理志工培訓、配合社區營造等事項，以嘉義地區來說，目前 18 鄉鎮僅有 6 個數位機會中心，多寄居在小學、社區活動中心，硬體老舊，軟體不足，沒有維修資源，宣傳不夠，社區參與度不佳，衡諸數位機會中心的成立目的，要提升社區民眾資訊素養、輔導產業 e 化、協助文化保存與發揚、縮減城鄉數位落差，似乎目前政府投入的資源，距離真正可以達到改善城鄉差距，縮短數位落差，讓數位弱勢享有公平的資訊科技環境應用機會，還有很長的路要走。

我們的具體建議認為，臺灣可行的數位資源分配策略應該包括：

1. 建立跨部會推動機制，實踐公平正義的數位資源分配。

　　成立專責委員會，跨部會推動數位資源的公平分配，納入交通部的頻寬管理、內政部的弱勢補助、公共數位資源建置、教育部的資訊教育、公共數位學習平臺、國科會的資訊領域學術研究成果移轉、經濟部的數位經濟推動等政策整合研擬，實踐公平正義的數位資源分配。

2. 建立雲端教育體系，落實數位資源的分配正義。

　　推動各級學校將開放式課程數位化，提供公共數位平臺，實施數位社會教育，只要有網路，就可以從公共雲端取得免費的數位資訊，知識、經驗與智慧都可以有效的儲存，快速的散播，學生在一般教育體系因為其他原因流失的學習機會，可以在數位世界得到補償，落實數位資源的分配正義。

3. 重視數位資源投資，反對數位資源商品化。

　　網路頻寬等特許數位資源應視為公共財，應訂定經營限制，要求回饋社會，照顧資訊資源弱勢，或由政府投資提供資訊資源，建置並定期更新公共電腦、提供免費公共網路、宣傳免費數位學習資源、協助相對弱勢者掌握數位機會，降低數位資源分配不公造成的社會問題。

4. 投入充足資源，建立數位機會中心標準營運模式

　　在數位資源相對貧乏的南部及東部，現有數位機會中心

要再求精進,進一步建立「因地制宜核心特色」、「資源交流制度化」、「教學設計專業化」以及「行政規範標準化」,數位機會中心應該要導入完整的永續運作模式,建立發展規範,導入輔導評估機制,揚棄任務導向的臨時組合,編列正式的充足人力,投入預算,建置充足的軟硬體設備,在每一個偏鄉,擴大數位服務範疇,推動整合性服務,提高教學品質,結合地方資源,舉辦活動,擴大地方影響力,建立數位機會中心經營的核心價值。

5. 突破數位階級,建構一個公平和正義的數位社會體系。

新的雲端行動時代,社會正在質變,企業乃至於個人的競爭都在數位化,數位階級的形成,正在發生,如果政府提早有所作為,公平分配數位資源,突破數位階級的成本相對並不高,建構一個公平和正義的數位社會體系指日可待。

臺灣社會是否應該反思反省,追求卓越的「達爾文主義」弱肉強食,「資源分配由市場機制決定」的自由主義,是不是符合社會資源分配的公平與正義?教育是改善貧富差距的最好方式,世界各國的政策常以投資教育來平衡社會貧富差距,而數位資源對現代人的發展影響,絕對不亞於教育,我們認為,應該要以政府的力量加強投入,並且公平的分配數位資源,提供數位世界平等的發展機會,才能落實現代數位社會的公平與正義。

回　應

陶幼慧
國立高雄大學資訊管理學系教授

　　主筆人的論述及建議，本人大致贊同。以下僅就五點建議部分，個人的認知做不同程度及觀點的補充討論及說明：
1. 建立跨部會推動機制，實踐公平正義的數位資源分配。

　　本人非常認同主筆人在本文中所引用亞里斯多德的名言：「給不同條件的人相同待遇，就像給相同條件的人不同待遇一樣不公平」。因此本點建議以跨部會推動機制整合資源，應該就在反應亞當·史密斯提到的不可以放任市場自由運作，而必須由政府介入分配的公共資源的象徵意義。

　　實質意義上來剖析，本人認為此建議更能代表政府落實宣示公平正義的一個具體管道。舉美國職籃（NBA）選秀機制來說，現有的第一輪選秀規則，充分反映了主導的委員會希望平衡各隊實力，以便讓整體球賽更精彩及吸引更多的觀眾。所以，獲第一輪優先選秀權的球隊，設計成當季未能打進季後賽的隊伍，以抽籤決定優先挑選可補強自身缺口及戰力的優秀 NBA 新人，以提升下一季競爭力及更好的戰蹟。如此一來，不用 NBA 宣示，關心球賽的人就知道第一輪選秀的機制就是要平衡各隊的實力。其實，在臺灣高中生進入

大學的管道中,已實施的繁星計畫,就有這樣的精神,讓社區高中優秀學生能有多元管道,以便進入考試分發不容易進入的學校及科系。這樣照顧弱勢的設計,在數位資源的分配上,更是需要的,且跨部會推動機制就是一種宣示。

　　政府的理念及宣示究竟是甚麼,是否落實?由前面例子可知,在人民眼中是看得到及感受到任何政府的具體措施的。進一步細探,再舉電影《鐘點戰》(In Time)為例:21世紀末,人的壽命可被轉移,時間取代金錢變成貨幣單位。所以電影中的所有人都可享有平等的權力活到25歲,就不再變老,且有一年的時間補充生理時數。換言之,以賺取及消費時間的機制,決定人類25歲之後的壽命。這樣的設計,在25歲之前的保障是好的,讓所有階層的人都可先成長茁壯。但25歲後的設計卻是天生不公平的,只會讓貧窮區域的人們一天過一天,且隨時會因為累積的時間不夠而倒地身亡;而富裕區域的企業家們,則可透過不會輸的剝削機制,搾取貧窮區域人民的時間,都可變成不死之身。所以,跨部會推動機制的建議,不僅在保障第一階段各縣市數位資源的一個公平基礎,更要設計第二階段的特色發展或合理競爭數位資源的機制,才有可能實踐真正的公平正義數位資源分配之精神。

2. 建立雲端教育體系,落實數位資源的分配正義。

　　縣市與城鄉的落差,不論是正式學校學習或是社會家庭的非正式學習,自人民年幼開始受教時的環境差異,即有實質深刻的影響。數位資源的確是一種平衡城鄉及縣市間落差

的可行方式之一,但數位落差也是城鄉及縣市間的主要落差現實之一。因此,雲端教育體系的平衡得當或差距縮小的建議,原則上應可帶動平衡改善實體環境落差的現象。

深入探討這項議題,一方面數位學習的成效,不是單純將所有課程上線或知識內容數位化,就可達成。例如,很多的數位學習研究已經指出:在所有課程之間,有些是較另一些更適合線上學習的;或是有些學習內容數位化的方式及呈現,是需要很高的人力製作及時間成本,才能轉換成適合於數位學習的互動方式;抑或是,不同需求或背景的學習者,對數位學習接受程度的差異也很大。另一方面,偏鄉及弱勢縣市居民,也許比富裕鄉鎮及都會區等縣市,有更強烈的動機,充分利用任何可得的數位資源,實際使用及努力學習,可讓數位資源的投資發揮最大效益。

因此,本人進一步建議,在數位資源的分配正義原則下,雲端教育體系的基礎建設,不僅是軟體、硬體、網路及資料管理等列為待分配的項目,更應該要針對「內容製作」及各種達成績效必要的「服務」,設定基本比例及衡量指標。以免數位資源分配的公平正義,淪為各縣市另一項只重外在而無內涵的虛擬蚊子館。

同時,在經費有限限制下,行動化電腦網路教室專車,搭配適當的教學引導等巡迴「服務內涵」的設計,不但可有效提昇投資雲端設施的使用率,也可有效縮減建立弱勢地區學子的數位落差,養成基本的使用能力與學習習慣,便於日

後於正式及非正式學習等機會，皆可無縫接軌各種先進數位資源的應用。

3. 重視數位資源投資，反對數位資源商品化。

本人很同意主筆及其他與談人的觀點，早期中華電信仍為國營事業時，是用國家政府的經費，建置臺灣的電信網路基礎。直至現今，所有的民營電信用者也都是向中華電信租用這些網路線路營業，然而這些網路基礎建設也隨著中華電信民營化，變成是中華電信的企業資產，政府本身卻無法利用以前歷年投資巨額經費建設的成果。

也許政府近年來財政困難因而預算有限，無法把數位資源的餅做大。但是，政府應該有權利將自己以往投資的網路建設的頻寬，列為公有財的範圍；在必要的提供弱勢地區民眾使用及提升數位資源效能的政策考量下，讓中華電信以回饋政府及社會的責任，肩負網路資源平衡的推廣執行的企業認養角色。形成政府、中華電信及人民三贏的局勢。

4. 投入充足資源，建立數位機會中心標準營運模式。

如同主筆人所言，行政院為了縮短數位落差，從民國94年起推動了三期的「偏鄉數位關懷推動計畫」，由教育部在各地逐漸設立「數位機會中心」；但是，南北數位資源的分配還是不符公平正義。

依據參與討論人士的認知，行政院和教育部的立意良善，目標正確，但是資源投入太少。而且，在執行層面上，都會碰到政府在推動計畫長期以來的通病：第一、學術團體

執行時,經費運用及核銷過於僵化,彈性不足,導致參與熱忱降低,故承辦學校輪動過於頻繁,無法穩定及永續運作。第二,轉往縣市政府推動執行時,時有耳聞未專款專用;且實際分配經費給民間團體執行時,易生弊端,又無力有效監控,導致績效不彰。第三,政府經費挹注在重大施政目標的專案計畫時,往往沒有永續發展經營的概念,只重期初投資經費編列及績效衡量;一旦計畫結束,即使達成原先的預期目標,後續也都沒有經費編列,再好績效的實驗計畫,都無法持續正常發展,真正變成一個政府努力的永久亮點代表作。第四,政府預算經費有限,卻樣樣都想兼顧,故導致每項計畫,平均投入資源不足,卻要求超乎經費預算所能達成的期初績效,僅在求得一個好的結案報告。因此,政府歷年累績的計畫成果,多年之後回顧,不但不是亮點,反倒成為聖誕樹上,閃閃發光眾燈中的諸多暗點,也無法展現出凡走過必留下痕跡的正面施政績效。

　　這也是主筆人要就各鄉鎮現有的數位機會中心,提出建立「因地制宜核心特色」、「資源交流制度化」、「教學設計專業化」以及「行政規範標準化」,並要導入完整的永續運作模式。同時,與會討論者也都同意,願意捐助的企業人士不在少數,但缺乏適當的媒介及滿足捐助企業或個人所期許的績效及誘因。換言之,政府可能預算有限,但應可戮力提供企業贊助誘因與媒介,並實際管理計畫的永續發展的績效,讓企業及個人願意投入政府推動的一些亮點計畫。管理的方向,當然在摒除上段所述的負面刻板印象,如著重於協

助承辦單位解決經費使用核銷困難、建立專款專用公信力、公平適性分配經費、嚴格監督及管控計畫執行及即時獎懲,並且對績效真正良好的計畫謹慎評估,以篩選值得持續挹助經費的亮點計畫,使之永續正常發展。

5. 突破數位階級,建構一個公平和正義的數位社會體系。

這點建議,重點在於描繪欲達成的未來目標願景,可反映前面四點建議所能帶動的效益。

回　應

陳弘宙
稻江科技暨管理學院副校長

「公平」需建立在社會完整基礎建設上，才可用所謂的理論來分配。

我們認為，應該依人口比例，及不同類別，政府對各縣市經費補助應該有所差異，例如嘉義縣老農津貼偏高，教育資源補助偏低，弱勢家庭的孩子應該比來自富裕家庭的孩子得到更多政府提供的數位機會，在社會和經濟的不平等之下，我們必須盡量將社會關係、文化背景以及其他家庭背景因素等各種差異造成的不平等減少到最低程度，促使「處境最不利的成員」獲得最大的利益，讓我們的社會有能力追求階級的流動，社會才有真正的公平正義。政府需要因地制宜製訂相關政策，統籌各地教育資源，才能公平的分配數位資源。以嘉義縣為例，可以投資嘉義縣的社區大學，結合數位資訊機會中心DOC，可將政府的數位資源統一運用，在偏遠的地區提供弱勢族群最低限度的發展機會，在相對都會地區比較缺乏資源的地方建構一個公平正義的數位發展環境。

事實上，即使是都會區，也是會有偏鄉資源分配的問題，資源分配，應該要有政策的策略分配，不應該用齊頭的方式

來分配，政府需要有正確的願景，才能執行正確的政策，在現代社會的發展模式中，如果好好的發展數位化的環境，可以有效的改善資源差距，提供資訊資源可以讓許多家庭免費取得知識、經驗與智慧，去除時間空間的限制及中間商剝削，不需成本，以數位資源完成個人及家庭的學習成長與經濟提升，政府投入相對較低的投資，就可以解決很多的社會、失業及經濟發展問題，這樣的作法，是事半功倍的施政，應該可以好好的處理，解決許多問題。

　　目前，政府的制度太僵化，相關法令的執行太沒有彈性，數位資源分配的公共政策不完整，沒有專責的部會負責規劃數位資源的分配，各縣市政府自行處理數位資源，南北差距就益形擴大，現行財政收支劃分，南部縣市由於人口少、稅收不多，總體資源不足，縣市執政預算有限，在推動行政服務、人事、交通、環保、教育等基礎建設之外，即使有心，也很難有餘力可以建構施行現代化的數位環境，是故，數位資源的南北落差，也和財政、教育等其他資源一樣，不斷惡化，南部相對較多的經濟困窘以及資源匱乏的家庭，面臨的經濟壓力大，很難自行建置數位環境，又缺乏政府的支持，沒有公平的現代數位發展機會，導致子弟數位學習成就低落，在雲端、行動應用普及的現代數位社會，處於競爭劣勢，無法融入找尋新的機會，整個家庭一代一代愈來愈沒有競爭力，坐視數位行業取代傳統，在數位競爭上，不僅輸在起跑點，而且「一路輸」，成為被數位時代遺棄的族群。

個人認為，政府單位也可以透過行銷作法，來募集數位資源，臺灣有許多的科技企業，在公益形象及企業抵稅的雙重誘因之下，不難找到合作的對象，一同來推動數位資源的公共投資，結合政府和民間的資源，要求企業回饋社會，照顧資訊資源弱勢，推動公共數位資源建置，在公眾網路上推動資訊教育，實施公共數位學習平臺，推動各級學校將開放式課程數位化，實施數位社會教育，只要有網路，就可以讓社會的各階層都可以從公共雲端取得免費的數位資訊，所有的知識、經驗與智慧都可以有效的儲存，快速的散播，學生在一般教育體系因為其他原因流失的學習機會，可以在數位世界得到補償，我們就可以落實數位資源的分配正義。

我們觀察到，嘉義縣的數位機會中心的運作，設備老舊，缺乏維護，網路頻寬不足，合格師資難聘，課程開設沒有標準，輔導團隊常有更替，宣傳不夠，社區參與度不佳，究其原因，就是計畫沒有延續性，數位機會中心的成立目的，要提升社區民眾資訊素養、輔導產業 e 化、協助文化保存與發揚、縮減城鄉數位落差，立意良善，但投入資源之後，沒有延續，沒有維修資源，硬體很快老舊，無力更新，設備失修閒置，合格師資難聘、課程沒有標準、輔導團隊更替及機會中心設置地點難尋，常有變動等問題，還要辦理志工培訓、配合社區營造等事項，政府沒有持續一直投入資源，我們距離真正可以達到改善城鄉差距，縮短數位落差，讓數位弱勢享有公平的資訊科技環境應用機會，還有很長的路要走。

個人認為，政府應該配合時代趨勢，由中央政府主導投資資訊資源，建置並定期更新公共電腦、提供免費公共網路、宣傳免費數位學習資源、協助相對弱勢者掌握數位機會，降低數位資源分配不公造成的社會問題，並針對國中國小教師的職能提升，納入數位教材相關教育，讓臺灣的數位競爭力可以實質的提升。

回　應

柯建全

國立嘉義大學資訊工程學系教授

一、前言

現代化學習模式在電腦與網路快速發展下，以數位學習為主之基礎教育與終身學習教育正以多元方式蓬勃發展。長期以來政府重北輕南政策，造成區域教育資源分配不均，尤其在後五都（或六都）時代，南部縣市在稅收以及政府分配款上都呈現相對弱勢，可以運用在教育上的資源也相對不足，此外企業界對資源捐贈上也都青睞北部資源較豐縣市以及學校，上述做法不僅影響到資源的使用，造成城鄉間的教育資源使用落差。當然，落差不僅在教育這一塊，城鄉間「數位落差」更是嚴重。

在 M 型化社會，M 型兩端家庭的經濟基礎不平等，相對地，可運用於數位學習的資源更相對弱勢，更嚴重的是這幾年在金融海嘯以及歐債危機威脅下，政府能投入縮短數位學習落差的資源也隨之大幅縮減。

近年來政府也想發展文創產業，但這些產業發展都需要有數位軟、硬體做基礎，以嘉義縣市是一農業為主的縣市而

言,本來地區工商業就較不發達,在貧窮線以下的家庭比例相對也較高,尤其在山上或沿海地區貧窮更嚴重,因偏遠之故,ISP 業者或政府投資,在做同樣的數位投資成本相對較高,若僅以成本與使用率做為投資考量,絕不符合業者經濟效益,也無法吸引企業投資。雖然教育部在 95 年授權國立中正大學,配合教育部計算機中心經費,期望中正大學以區域網路中心角色,介入建置、輔導偏鄉地區數位資源,初期與遍佈山區以及沿海地區的地方發展協會合作,成立數個數位機會中心,此外也有一些大學招募資工系或資管系老師、學生志工熱情地參與輔導偏鄉地區學童資訊課業輔導。事實上這些舉動也引起地方民眾的興趣與廣大迴響,曾帶動地方百姓一股資訊學習熱潮。但我們深入探索績效時發現,這些輔導單位在實際運作時仍常受制於地方勢力的介入,而影響計畫運作方向,甚至資源或經費使用浮濫。此外,執行單位甚至常受限於政府會計制度,在經費實際核銷時綁手綁腳,因此經過一兩年後無法繼續輔導。隔年雖然由臺中地區資訊廠商接手,但廠商在商言商,在成本與利潤考量下,投入人力有限,成果與績效更是無法維持。後來雖然曾傳國立嘉義大學想接手,但也礙於中正大學前車之鑑而裹足不前,無法考慮以公立學校以服務的角色接手。雖然後續有吳鳳科大接手,因原有數位機會中心設備也逐漸老舊,需要投入經費維修或軟體升級,如果數位機會中心無法得到政府進一步地增加經費投資,相關績效就無法擴大,更遑論再開發新的數位機會中心,須投入更多經費。

南部民眾會不斷感受，在臺灣這塊土地上，人民同樣繳稅，每位人民都渴望得到政府在資源公平正義分配前題下的重視，南部地區人民更期待得到政府在各種資源合理關懷與分配，藉此以數位資源合理分配、使用，縮短城鄉間數位學習上的落差。

二、建議

為符合公平與正義，合理分配國內數位資源，我們強烈建議：

1. 政府應在資源分配之公平與正義下，督促教育部重視資源分配與城鄉數位落差問題，積極投入更多資源缺乏之中南部地區之學校或社區。此外可考慮將相關會計或核銷制度做適度鬆綁，以鼓勵更多大專院校相關科系參與，甚至招募學生志工投入數位基礎服務工作，輔導地區學童或民眾數位或電腦課程的學習。

2. 政府可以採租稅減免方式，鼓勵從事資訊製作或服務之企業界，投入或贈送軟、硬體資源，尤其現在為雲端服務時代，可以鼓勵企業在開發雲端網路或軟體資源之餘，也能多讓偏鄉地區民眾透過雲端服務，有較多數位資源分享權利。

3. 政府應督促中華電信以及 ISP 業者，不僅在投入網路建設外，也能針對偏鄉地區設計或規劃投入更多網路建設與資

源,以優惠或減價方式讓偏鄉地區學童或民眾分享網路所帶來的便利與數位學習便捷性。
4. 政府應重視數位內容產業發展,以各種管道開發地區文創價值,鼓勵地區民眾參與創作。

三、結論

　　政府為政之道在於照顧人民(尤其是弱勢百姓),解決人民痛苦。教育投資不能齊頭式平等,政府如能讓南部弱勢族群在基礎教育階段分享經濟成果,必能縮短南北在教育與資訊吸收時落差,也能解決未來弱勢族群的就業問題,創造一安和樂利的社會,我們期待政府能發揮魄力,以行動支持南部民眾渴望追求公平正義的呼喚。

從南部觀點省思臺灣的地方財政與經濟問題

馬祥祐

南華大學國際暨大陸事務學系、公共政策研究碩士班副教授兼主任

　　財政分配不公一直以來都是臺灣政界爭論的議題,而南部地區地方政府與民眾更是深受此一制度之害,要求改革的呼聲不斷!然而也有聲音指稱,地方政府怠於發展經濟,只想向中央政府要錢,這樣的心態並無助於地方的發展。[1] 本文試圖從南部觀點出發去思辯這兩種觀點,同時尋找在財政分配制度改革與地方經濟發展間的共善之道。本文首先將回顧現行財稅分配制度以及地方處境,其次探討當前財劃法各修正案內容,進而從南部觀點去探索財劃法修正的方向。

一、當前財政分配制度與弊端

　　我國中央地方權限劃分主要是依據憲法「第十章中央與地方之權限」中第 107 條中央負責事項,及第 108～第 110 條地方權限為根據。具體的操作依據則是地方制度法「第三章地方自治、第二節自治事項」,其中,第 18 條明確規範了直轄市的自治事項,第 19 條則規範了縣市政府的自治事項,

---

[1] 社論(2012 年 9 月 7 日)。〈財政自主靠掙錢不是爭錢〉,《聯合報》,二版。

第 24 條規定可以跨行政區域合辦事業。這樣的工作劃分一直以來並無太大變動,直到民國 99 年為了因應五都的成立（100 年）以及推動跨區域的合作,地方制度法新增了第 24-1、第 24-2 及第 24-3 條,允許地方政府為處理跨區域自治事務、促進區域資源之利用或增進區域居民之福祉,得與其他直轄市、縣（市）、鄉（鎮、市）成立區域合作組織、訂定協議、行政契約或以其他方式來進行合作。據此觀之,地方政府的職能從法規上看來這些年似乎並無增加,但實務上在中央事權下放的過程中,地方政府的職能卻是大幅增加,然而收入並沒有相應增加。尤其民國 89 年新的財政劃分法上路後,國稅佔全國賦稅收入百分比急速上升,地方稅收則急速下降,導致地方政府財政更加陷入困境。

根據財政劃分法第四條的規定,中央獨有的國稅包括了:1. 關稅,2. 礦區稅,[2] 3. 證券交易稅,4. 期貨交易稅。依據財政收支法第 8 條規定,歸屬國稅但中央地方共享部分屬於中央的部分有:1. 所得稅（90%）—— (1) 營利事業所得稅、(2) 綜合所得稅,2. 遺產及贈與稅（在直轄市占徵起收入 50%；在縣（市）占徵起收入 20%）,3. 貨物稅（90%）,4. 菸酒稅（80%）,5. 營業稅（扣除統一發票給獎獎金後之 60%）。而地方的稅收來源（參見表一）,獨享的稅包括了:1. 土地稅—— (1) 田賦、(2) 地價稅、(3) 土地增值稅,2. 房屋稅,3. 使用牌照稅,4. 契稅,5. 印花稅,6. 娛樂稅。

---

[2] 民國 92 年 12 月礦業法修正,礦區改收礦業權費及礦產權利金,礦業稅廢除。

表一　現行地方稅收來源種類

	地方	中央
獨有稅種	土地稅（地價稅、田賦） 土地增值稅 房屋稅 使用牌照稅 印花稅 契稅 滯納金、補稅、罰款 特別稅課 娛樂稅	關稅 礦區稅 證券交易稅 期貨交易稅
分享稅種	10% 所得稅 40% 營業稅（扣除統一發票給獎獎金後） 10% 貨物稅 20% 菸酒稅（直轄市及各縣[市]18%；2% 按人口比例分配福建省金門及連江二縣） 遺產及贈與稅（直轄市50%；在縣（市）80%）	90% 所得稅 60% 營業稅（扣除統一發票給獎獎金後） 90% 貨物稅 80% 菸酒稅 遺產及贈與稅（在直轄市占徵起收入50%；在縣（市）占徵起收入20%）

另外，地方還能分享前述的中央地方共享稅收的剩餘部分。從上述條文可以看出，稅額較大的主要都劃歸給國稅，地方稅的數額相對十分有限，從而根本造成地方稅收在全國賦稅收入比重不斷下降（請見表二、圖一），地方稅佔稅課比從 1996 年的 39.7% 下降到 16.8%，國稅的比重則從 55.2% 上升到 79.7%。

表二 全國賦稅收入額百分比　　　　　　　　　　　　　　　單位：%

會計年度	稅課收入佔賦稅淨額比	國稅佔稅課比	地方稅佔稅課比
1996	95.3	55.2	39.7
1997	95.4	55.5	39.5
1998	95.9	57.9	36.7
1999	95.9	58.2	37.7
2000	96	78.4	17.6
2001	95.4	79.3	16.1
2002	97.2	80.1	17.1
2003	97.4	79.1	18.3
2004	97.6	79.1	18.4
2005	97.7	81.0	16.7
2006	97.2	80.9	16.3
2007	97.2	81.9	15.3
2008	97.2	83.0	14.1
2009	96.9	80.9	16.0
2010	96.5	79.7	16.8

資料來源：2003 年前取自中華民國財政部編，《中華民國財政統計年報》（臺北：編者，1995 年），頁 228-233。
2003 年起取自中華民國財政部網站，〈中華民國財政統計年報（100 年）〉，取自：http://www.mof.gov.tw/public/Data/statistic/Year_Fin/99 電子書/htm/yearmenu.htm（民 100 年 5 月 3 日）。

　　而從（表三）中央和地方財政歲入及比重、（表四）中央和地方財政支出及比重及（圖二）1987 年以來中央與地方收入、支出走勢中，我們也明顯發現中央的財政收入是遠大於支出，地方財政支出則遠大於收入，而中央政府與地方政府的收入與支出落差正在持續擴大，只是中央是收入增加、支出減少，地方卻是支出增加、收入減少。在這樣的格局下，

中央享有充分的資源,讓臺灣的地方政府只能依賴中央的補助,仰中央的鼻息,有的基層鄉鎮甚至無米為炊,拖欠公務員薪水,最後因積欠包商款項,公庫遭到查封。2000 年 11 月 22 日,屏東縣內埔鄉公所的公庫,便成為臺灣歷史上頭一個因為付不出工程款而遭到查封金庫的基層地方政府。[3]

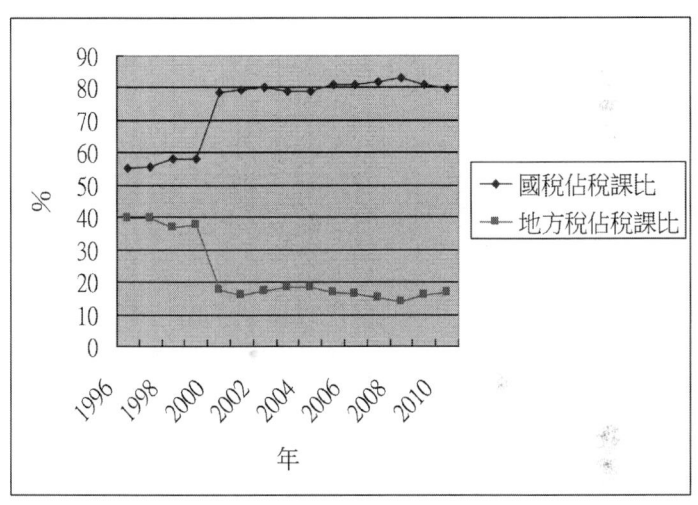

圖一 全國賦稅收入額百分比

而從嘉義市的統計數字中也反應出地方政府對中央財政補助的依賴趨勢(參見表五、表六、圖三、圖四)。嘉義市

---

[3] 宋亨欣、李惠仁(2000)。〈鄉鎮預算書,一塊錢傳奇〉,《新臺灣新聞週刊》,246 期,取自:http://www.newtaiwan.com.tw/bulletinview.jsp?period=246&bulletinid=6969。

表三 中央和地方財政歲入及比重

單位：新臺幣千元

會計年度	總計 金額	總計 結構比	中央政府 金額	中央政府 結構比	地方政府 金額	地方政府 結構比
1987	650,202,641	100.0	398,707,255	61.3	251,495,386	38.7
1988	765,439,044	100.0	467,852,488	61.1	297,586,556	38.9
1989	921,575,298	100.0	567,555,874	61.6	354,019,424	38.4
1990	1,092,401,322	100.0	686,714,809	62.9	405,686,513	37.1
1991	1,049,930,814	100.0	633,964,960	60.4	415,965,854	39.6
1992	1,257,568,462	100.0	683,576,003	54.4	573,992,459	45.6
1993	1,416,334,233	100.0	800,857,888	56.5	615,476,345	43.5
1994	1,502,754,406	100.0	855,266,454	56.9	647,487,952	43.1
1995	1,559,428,922	100.0	879,192,677	56.4	680,236,245	43.6
1996	1,604,184,019	100.0	935,934,756	58.3	668,249,263	41.7
1997	1,704,758,733	100.0	967,497,293	56.8	737,261,440	43.2
1998	2,053,458,063	100.0	1,185,721,980	57.7	867,736,083	42.3
1999	2,004,394,362	100.0	1,248,345,458	62.3	756,048,904	37.7
2000	2,784,862,529	100.0	2,046,435,773	73.5	738,426,756	26.5
2001	1,896,840,574	100.0	1,417,731,845	74.7	479,108,729	25.3
2002	1,787,918,681	100.0	1,310,436,322	73.3	477,482,359	26.7
2003	1,948,847,371	100.0	1,435,284,645	73.6	513,562,726	26.4
2004	1,927,399,732	100.0	1,365,269,785	70.8	562,129,947	29.2
2005	2,218,039,419	100.0	1,616,369,320	72.9	601,670,099	27.1
2006	2,177,017,797	100.0	1,590,934,296	73.1	586,083,501	26.9
2007	2,244,758,463	100.0	1,636,049,742	72.9	608,708,721	27.1
2008	2,231,613,847	100.0	1,648,767,679	73.9	582,846,168	26.1
2009	2,113,644,128	100.0	1,566,644,095	74.1	547,000,033	25.9
2010*	2,200,839,000	100.0	1,548,005,000	70.3	652,834,000	29.7
2011*	2,303,514,000	100.0	1,630,553,000	70.8	672,961,000	29.2

說明：1. 91年（含）以前為決算審定數；92至98年為決算數。
　　　2. 歲入淨額不包括公債及賒借收入、移用以前年度歲計賸餘。
　　　3. 中央政府88年下半年及89年度（含）以後含省府，省市政府僅含北、高二市。
　　　4. 省市政府99年度（含）以後含新北市、臺北市、臺中市、臺南市及高雄市等五都。
　　　5. 地方政府包含省市政府、縣市政府及鄉鎮市公所
附註：*係預算數，99年決算數預計於100年6月底完成。
資料來源：中華民國財政部網站，〈中華民國財政統計年報（100年）〉，取自：http://www.mof.gov.tw/public/Data/statistic/Year_Fin/99電子書/htm/yearmenu.htm（民100年5月3日）。

表四 中央和地方財政支出及比重

單位：新臺幣千元

會計年度	總計 金額	結構比	中央政府 金額	結構比	地方政府 金額	結構比
1987	641,910,820	100.0	376,303,322	58.6	265,607,498	41.4
1988	726,468,366	100.0	420,652,603	57.9	305,815,763	42.1
1989	1,207,350,774	100.0	505,507,874	41.9	701,842,900	58.1
1990	1,097,517,620	100.0	578,584,452	52.7	518,933,168	47.3
1991	1,275,612,966	100.0	679,501,708	53.3	596,111,258	46.7
1992	1,561,930,419	100.0	888,590,305	56.9	673,340,114	43.1
1993	1,756,306,405	100.0	1,009,039,281	57.5	747,267,124	42.5
1994	1,826,367,353	100.0	921,588,392	50.5	904,778,961	49.5
1995	1,910,066,033	100.0	1,029,314,366	53.9	880,751,667	46.1
1996	1,843,786,165	100.0	933,296,904	50.6	910,489,261	49.4
1997	1,878,763,513	100.0	960,255,313	51.1	918,508,200	48.9
1998	1,992,593,487	100.0	1,016,628,434	51.0	975,965,053	49
1999	2,050,003,571	100.0	1,169,428,698	57.0	880,574,873	43
2000	3,140,936,188	100.0	2,077,018,084	66.1	1,063,918,104	33.9
2001	2,271,755,089	100.0	1,481,185,969	65.2	790,569,120	34.8
2002	2,144,993,677	100.0	1,379,934,453	64.3	765,059,224	35.7
2003	2,216,514,388	100.0	1,440,336,797	65.0	776,177,591	35
2004	2,245,046,575	100.0	1,432,113,815	63.8	812,932,760	36.2
2005	2,291,999,146	100.0	1,454,235,695	63.4	837,763,451	36.6
2006	2,214,225,610	100.0	1,392,978,009	62.9	821,247,601	37.1
2007	2,290,169,058	100.0	1,442,511,786	63.0	847,657,272	37
2008	2,343,585,358	100.0	1,436,804,900	61.3	906,780,458	38.7
2009	2,670,898,052	100.0	1,691,134,538	63.3	979,763,514	36.7
2010*	2,727,261,000	100.0	1,613,460,000	59.2	1,113,801,000	40.8
2011*	2,734,760,000	100.0	1,593,754,000	58.3	1,141,006,000	41.7

說明：1. 91 年（含）以前為決算審定數；92 至 98 年為決算數。
2. 歲出淨額不包括債務還本支出。
3. 中央政府 88 年下半年及 89 年度（含）以後含省府，省市政府僅含北、高二市。
4. 省市政府 99 年度（含）以後含新北市、臺北市、臺中市、臺南市及高雄市等五都。
5. 地方政府包含省市政府、縣市政府及鄉鎮市公所

附註：* 係預算數，99 年決算數預計於 100 年 6 月底完成。

資料來源：中華民國財政部網站，〈中華民國財政統計年報（100 年）〉，取自：http://www.mof.gov.tw/public/Data/statistic/Year_Fin/99 電子書 /htm/yearmenu.htm（民 100 年 5 月 3 日）。

的稅課收入佔嘉義市政府收入比重,從 1998 年的 50.9% 下降到 2011 年 39.09%,但是上級補助及協助收入比重卻從 1998 年的 33.12% 上升到 2011 年 55.14%。對補助及協助收入依存度則從 1998 年的 34.17% 上升到 2011 年 56.43%。形成這樣困境的主要原因在於近年來中央的諸多政策均要求地方負擔部分經費,在總體稅收中央增收減支,地方減收增支的格局下,使得地方政府越來越仰賴中央的財政補助。而具體的案例便是國民年金及農保等政策的推動,讓地方財政負擔越來越來重,尤其是以農業為主要產業型態的南部縣市,本身商業並不發達,稅收並不豐厚,農保的財政負擔在人口不斷老化下更加凸顯。

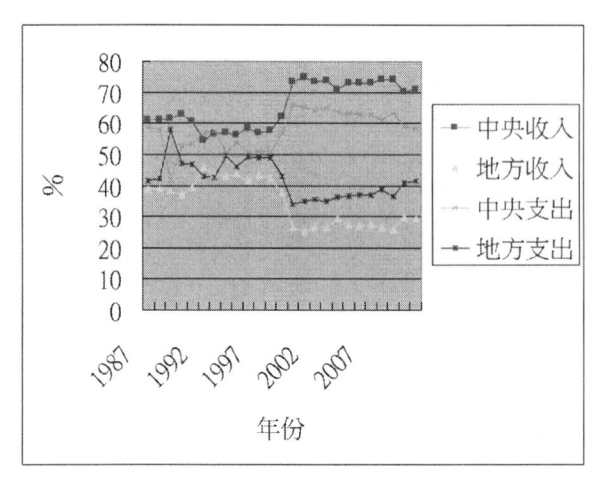

圖二 1987 年以來臺灣中央與地方收入、支出走勢

表五 嘉義市政府各項收入比重

年份	稅課收入	規費及罰款收入	補助及協助收入	財產收入	營業盈餘及事業收入	其他收入
1998	50.29	4.97	33.12	3.92	0.13	0.54
1999	49.05	4.74	36.32	4.53	0.13	0.87
2000	57.45	6.32	33.37	1	0.19	1.67
2001	47.5	5.12	45.09	0.92	-	1.37
2002	49.7	5.61	42.53	0.81	-	1.35
2003	46.78	5.49	44.35	0.79	-	2.59
2004	49.12	4.85	43.14	1.8	-	1.09
2005	52.03	4.97	40.13	1.38	-	1.49
2006	47.57	5.15	42.61	2.45	0.02	2.2
2007	46.87	5.08	46.18	0.98	0.02	0.87
2008	43.88	4.19	48.9	1.09	0.01	1.93
2009	37.34	3.53	52.19	0.99	2.59	3.36
2010	39.29	3.81	46.73	2.52	2.55	5.1
2011	39.09	3.71	55.14	1.11	0.03	0.92

資料來源：嘉義市政府

表六 嘉義市政府自有財源比率

年份	自有財源比率	補助及協助收入依存度
1998	56.86	34.17
1999	59.32	36.32
2000	66.63	27.95
2001	38.28	41.83
2002	42.97	39.19

表六　嘉義市政府自有財源比率（續）

2003	41.56	46.46
2004	43.42	45.23
2005	44.2	40.25
2006	42.3	39.81
2007	37.52	41.43
2008	34.28	47.52
2009	34.89	52.06
2010	39.13	48.23
2011	30.59	56.43

資料來源：嘉義市政府

　　同時在統計數字上也的確凸顯地方在開拓自有財源上，成效並不突出，以嘉義市為例，除稅課收入佔嘉義市政府收入比重，從 1998 年的 50.9% 下降到 2011 年 39.09%，自有財源比率也從 1998 年的 56.86% 下降到 2011 年 30.59%。若以 2011 年嘉義市稅入 114 億 9 千 7 百萬元，稅出 112 億 3 千 5 百萬元來核算，自有財源占稅出比率約為 31.3%，遠低於全國縣（市）平均值 47% 之下。[4] 然而若據此苛責地方政府怠於發展經濟，對南部縣市並不公平，因為以農業為主要產業型態的南部縣市（高雄市除外），本身並不具備發展工商業的要素稟賦，同時基礎條件也不夠，在工商業難以發展下，從而導致地方獨有稅種（土地稅、土地增值稅、房屋稅、使

---

[4] 林淑慧（2012 年 10 月 11 日）。〈新版財劃法 地方財源多 438 億〉，《工商時報》。

用牌照稅、印花稅、契稅、特別稅課及娛樂稅等）很難對地方財政產生直接的助益。若要南部縣市政府能勇於發展經濟，則基礎建設財政投入與相關配套制度必須優先加以完善。

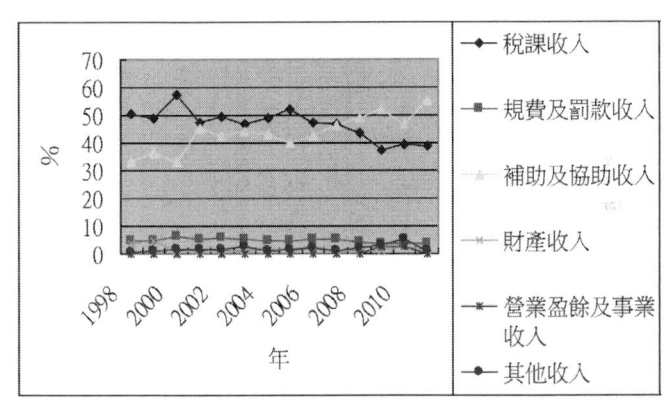

圖三　嘉義市政府各項收入比重

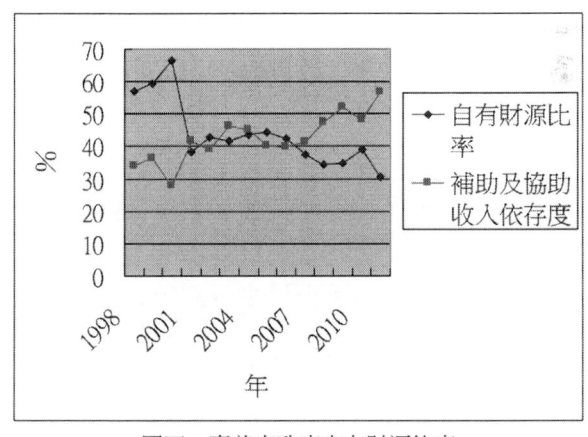

圖四　嘉義市政府自有財源比率

二、當前財政劃分法修正草案檢視

正由於當前財政分配這種「強中央、弱地方」的格局，而地方政府的支出卻又大規模增加的困境，從而激發了各地方政府對此次財政劃分法修法的積極性，使得今年財政劃分法的修正提案百花齊放，筆者便蒐集到13個修正草案版本（參見表七）。這凸顯出各地方政府對此高度重視，各地區域立委也拼盡全力，從各自地方立場出發，期望透過這次財劃法修正為地方爭取更多經費。

表七　各版本財劃法修正案內容

版別	修正草案條文	修正重點
民進黨版	第八條	提高遺產及贈與稅地方分配比率。 擴大中央統籌分配稅款規模。 新增直轄市時配套。
	第九條	土地增值稅全歸地方。
	第十一條 第十六條	減少中央干預，降低「特別統籌分配稅款」。 設算基準財政需求應考量地方政府差異性。 降低財政努力與績效成數。 設立「中央統籌分配稅款穩定基金」。
	第十二條	國民年金、農民保險、老年農民福利津貼改由中央政府負擔。
	第十三條	保障鄉（鎮、市）財源只增不減。
	第十條、 第十七條	增訂中央統籌分配稅款諮詢會議，分配辦法由財政部、中央主計機關、直轄市政府及縣（市）政府共同擬訂之。
親民黨團版	第八條	擴大中央統籌分配稅款規模（營業稅納入）。 遺產及贈與稅自留比率全國齊一。 簡化稅收分配方式，取消貨物稅及菸酒稅（保留金門、連江部分）納入中央統籌分配款之規定。
	第十二條	土地增值稅應全額納入中央統籌分配款。
	第十六條之一	提高普通統籌分配款比例。 調整分配公式，包括計算基礎以就業人口數取代人口數，納入家戶收支比。
	第三十條之一	新增一般性補助之規定，以教育經費與推動節能減碳、綠能及照護產業政策之經費為限。

表七　各版本財劃法修正案內容（續）

行政院版	第八條	遺產及贈與稅自留比率全國齊一。 擴大中央統籌分配稅款規模。
	第九條	土地增值稅全歸地方。
	第十條至 第十三條	中央統籌分配稅款分配以公式入法。 明訂基準財政需要額項目。 中央統籌分配稅款總額百分之六，專款作為保障財源。
	第十條、 第十四條	建構統籌分配稅款透明化之分配機制。
	第二十五～七條	強化補助制度規範，並作法律層次之保障。
	第二十六～七條、第三十條、第三十七～八條	提升地方財政紀律及開源節流績效，有賞有罰。
李昆澤委員版	第八條	擴大中央統籌分配稅款規模。 遺產及贈與稅自留比率全國齊一。
	第九條	土地增值稅全歸地方。
	第十條、 第十四條	建構統籌分配稅款透明化之分配機制，揭示統籌分配稅款之分配，應本透明化及公式化原則。
	第十條至 第十三條	中央統籌分配稅款分配以公式入法。
	第二十五～ 二十七條	強化補助制度規範，並作法律層次之保障。
	第二十六、二十七、三十、三十七及三十八條	提升地方財政紀律及開源節流績效，有賞有罰。
李應元委員版	第四條	財政支援之原則，除考量均衡區域發展外，亦應鼓勵或補償地方配合中央政策設立大型工業區等之財政努力。
	第八條	擴大中央統籌分配稅款規模。
	第十二條	土地增值稅收入百分之五十交中央。
	第三十條之一	環境衝擊之處理應納入分配之指標。
林岱樺委員版	第四條之一、第十六條之一、第三十條	配合國家重大政策爭取產業設廠之環境汙染成本應納入分配統籌款時考量。
	第八條	擴大中央統籌分配稅款規模。

表七　各版本財劃法修正案內容（續）

版本	條文	內容
張嘉郡委員版	第八條	擴大中央統籌分配稅款規模。 環境汙染成本應納入分配統籌款時考量。
	第三十條	計畫型補助款對象與獎勵條件。
	第三十條之一	一般性補助款對象與獎勵條件。
	第三十五條之一	配合引進高污染產業，且具有顯著卓越績效者獎勵。
	第三十八條之一	中央政府之立法通過，導致地方政府財政收入減少或是支出增加，應由中央政府負擔差額彌補。
陳明文委員版	第十六條之一	統籌分配稅款分配公式入法。 提高普通統籌分配稅款。 分配比率與條件。
陳亭妃委員版	第十二條	土增稅全歸地方。
	第十六條之一	統籌分配稅款分配公式入法。 提高普通統籌分配稅款。 老年農民福利津貼、農民健康保險費及國民年金保險費補助款比照勞健保納入中央負擔範圍。
	第三十七條	業務移轉之際，款項移撥規範。
楊瓊瓔委員版	第八條	擴大中央統籌分配稅款規模。
	第十一條	直轄市分配比率齊一。
	第十六條之一	將地方政府應負擔老年農民福利津貼、農民健康保險費及國民年金保險費補助款均比照勞健保納入中央負擔範圍。
	第十六條之二	一般性補助款，應以補助其教育、會福利及基本設施等項目所需經費為限。 商港建設費廢除後的損失補償。
	第三十七條	中央政府之立法通過，導致地方政府財政收入減少或是支出增加，應由中央政府負擔差額彌補。
趙天麟委員版	第八條	擴大中央統籌分配稅款規模。
	第九條	土地增值稅全歸地方。
	第十條至第十四條	中央統籌分配稅款分配方式以公式入法、建構統籌分配稅款透明化的分配機制及地方財政需要額之項目。
	第二十五～二十七條	強化補助款制度規範，並作法律層次之保障。
	第二十六、二十七、三十、三十七、三十八條	提升地方財政紀律及開源節流績效，有賞有罰。
	第四十三條	中央政府之立法通過，導致地方政府財政收入減少或是支出增加，應由中央政府負擔差額彌補。
	第四十四條	北高兩市勞健保積欠款項免繳。

表七　各版本財劃法修正案內容（續）

盧秀燕委員版	第三十七條	中央政府之立法通過，導致地方政府財政收入減少或是支出增加，應由中央政府負擔差額彌補。
賴士葆委員版	第八條	擴大中央統籌分配稅款規模。 遺產及贈與稅自留比率全國齊一。 獎勵地方政府徵起營業稅之財政表現。
	第九條	土地增值稅全歸地方。
	第十條	統籌分配稅款透明化的分配機制。
	第十一條	獎勵各該直轄市及縣（市）在財政努力及績效上之表現。
	第十二條	基準財政需要額定義。
	第十三條	保障地方財源。
	第十四條	特別統籌分配款原則。
	第十五條	統籌分配款列入地方稅課收入。
	第十六條	統籌分配款按月平均撥付。
	第二十五條	一般性補助款下限。
	第二十六條	一般性補助款補助對象。
	第二十七條	計畫型補助款補助對象。 獎勵推動經濟發展。
	第二十八條	原住民族與原住民地區補助。
	第二十九、三十條	補助列入管考與獎懲。
	第三十七條	業務移轉之際，款項移撥規範。
	第三十八條	編列預算規定。

資料來源：立法院／筆者彙整制表

而從上表中可以發現，當前的修法草案有以下幾個特點：

1. 增加地方稅收分配

這是此次修法各方最為關注之處，在 13 個版本中便有 12 個版本涉及此議題。修改重點在於擴大統籌分配款的額度，主要訴求是減少中央獨享稅額，或擴大中央地方共享稅中地方可分配比率，討論的標的是所得稅、營業稅、土地增值稅等。此外，還有針對普通統籌分配款比率要求提高的訴求。

2. 建立穩定的統籌分配款制度

這一點是行政院版本特別強調的，但各版本修改法條不一。修法的重點在於建立穩定的分配制度，包括建立分配公式、透明的分配制度、強化補助制度規範、提升地方財政紀律及開源節流績效，有賞有罰等。共有 8 個版本對此有所修正（民進黨版、親民黨團版、行政院版、李昆澤委員版、陳明文委員版、陳亭妃委員版、趙天麟委員版、賴士葆委員版）。

3. 鼓勵地方發展經濟與配合中央產政策

主要修法重點在於鼓勵地方發展經濟，可以分積極面與消極面兩種修正方向。積極面的修法包括地方積極發展經濟，或配合引進高污染產業，且具有顯著卓越績效者，應該在統籌分配款項給予獎勵，以及將地方經濟發展的環境汙染成本納入分配統籌款時考量。消極面的修法則是地方在財政管理方面能有紀律及開源節流的成效者給予獎勵。共有 6 版本對此有所修正（行政院版、李昆澤委員版、李應元委員版、林岱樺委員版、張嘉郡委員版及賴士葆委員版）。

4. 減輕地方負擔

主要修法重點在於減少地方的財政支出，關鍵訴求為國民年金、農民保險、老年農民福利津貼改由中央政府負擔，同時對於「中央請客、地方買單」的政策，修法明訂經費一律由中央負擔。共有個五版本對此有所修正（民進黨版、陳亭妃委員版、楊瓊瓔委員版、趙天麟委員版、盧秀燕委員版）。

5. 確保地方財源

主要修法重點在於確保地方財源,尤其是鄉鎮層級的財源。修改條文主要為草案第 13 條。共有 3 個版本對此有所修正。(民進黨版、行政院版、賴士葆委員版)

三、財政劃分法修正與省思

綜合上述所言,目前的財政劃分法修正,各方的修改重點主要是著重在分配比率上,固然提高分配比率可以提高地方分配款額度,然而這樣的修正方式對於經濟發展較佳的地方是具有更為正面與直接的助益,但是對於本身經濟發展不好的地方,尤其是以農業為主要產業型態的南部縣市,這樣的修改方式並沒有真正幫助(參見表八)。亦即此一修法重點只會讓富有的縣市更富有,窮的縣市固然能因此獲得更多分配,但是卻無法改變對中央統籌分配款依存度越來越高的窘境。同時,這樣的操作方式只是改變大餅的分配比率,地方分配增加了,也代表著中央財源的減少,對於跨縣市或者全國統籌性的支出必然受到排擠,並非是一種理想的帕累托改進(Pareto improvement)。

要在財政分配上實現帕累托改進的關鍵,在於稅收本身的增加,而不在改變分配比率上!因此核心關鍵,總體層面在於臺灣經濟的持續提升與發展,個體層面則在於地方政府在經濟發展上能否有所成效,如此才能讓中央稅收與地方稅收都獲得提升,但前者的困境在於臺灣各界對於當前國家總

體經濟發展戰略的缺乏共識,但因此非本文核心議題,在此不多加論述。後者則受困於地方政府無以在經濟發展上有所表現,尤其是南部縣市政府。

表八　新版財劃法試算
單位:億元

縣市	修法前	修法後	增加
臺北市	814	835	21
新北市	626	764	137
臺中市	495	554	59
臺南市	453	500	48
高雄市	584	685	101
桃園縣	364	411	47
宜蘭縣	118	127	8
新竹縣	104	111	7
苗栗縣	137	141	4
彰化縣	246	246	0
南投縣	154	162	8
雲林縣	179	185	6
嘉義縣	154	154	0
屏東縣	232	234	1
臺東縣	105	116	11
花蓮縣	119	132	13
澎湖縣	62	62	0
基隆市	96	103	7
新竹市	70	84	14
嘉義市	68	72	4
金門縣	39	44	5
連江縣	15	19	3

資料來源:聯合報

南部縣市地方政府之所以難以在經濟發展上有所表現，一方面是臺灣的政治體制欠缺誘因，使得地方政府在經濟發展作為上無法實現激勵相容，[5]同時引進企業投資最終稅收主要歸於中央，地方卻要承擔所有後續負擔，[6]導致地方政府對地方經濟發展事宜大都停留在口號與規劃，或是仰中央鼻息、等待中央關愛眼神前來建設，實務上則將大量心力集中在辦理活動或發放社會福利等民眾容易看見的工作上，或者有助於建立政治人物自我社會形象，與煽動民眾情緒的作為上。另一方面則是，以農業為主要產業型態的南部縣市，要靠自身條件去追求經濟發展，有其條件的侷限。

　　因此本文認為，當前財劃法的修正重點集中在修改分配比率一節上，對此固然南部縣市政府應該關注，但是更應該爭取的是，要求中央在分配款中撥出相當比率金額用於補助地方政府的經濟發展方案，亦即從中央爭取來的經費不應該只是消極用來填補地方人事或福利經費缺口，而應該用在積極的發展經濟上。而在上述各修正版本內容中，對於鼓勵地方經濟發展部分，並未受到特別重視，甚至在消極面依據地方財政自律與開源節流績效分配統籌款上也有不同看法，例如民進黨版便希望降低此部分的影響比重。此外，在計畫型補助款上，各方案並未做任何分配比率的硬性規定，而行政

---

[5] 馬祥祐（2011）。〈兩岸地方政府經濟發展角色研究〉，《政策研究學報》，11期，頁71-120。
[6] 蔡百靈（2012年7月22日）。〈臺塑李志村：政府財政劃分不公〉，《自由時報》。

院版對此也未多做著墨，這樣的修正走向並無助於財政劃分帕累托改進的實現。

當然要地方縣市政府去爭取計畫型補助款現實上存在兩個具因果性的問題，一是地方政府是否有規劃能力，二為規劃不當下，計畫型補助款是否又淪為「蚊子館」建設比賽。對此，本文以為，地方的確可能在規劃與發展經濟上欠缺所需的人才與眼光，但是這可以透過與各大專院校合作與多方諮詢來加以解決，同時，在計畫審核時將計畫的可行性與效益列為評比關鍵，將可以大大降低作文比賽與蚊子館的出現！據此，本文建議，當前財政劃分法的修正，從南部觀點出發，地方政府除了爭取提高地方稅收分配比例，關注財政分配制度的建構與確保地方財源外，更應該將鼓勵各地方政府經濟發展的計畫型補助款列為爭取重點方向，而中央則應該將協助地方經濟發展的經費加以明確化，如此長期以往，財政分配的帕累托改進方有可能逐步實現，而南部地方經濟發展才能步入正向循環。

回　應

陳淳斌

國立嘉義大學公共政策研究所教授兼主任

　　本文從我國財政分配制度作為分析的切入點，作者首先點出「地方政府的職能在實務操作上從中央事權下放過程中，地方政府的職能即使大幅增加，然而收入並沒有相應增加。尤其自民國 89 年新財政劃分法實施後，國稅佔全國賦稅收入百分比急速上升，地方稅收則急速下降，導致地方政府財政陷入困境」的觀點，頗為有力的點出當前地方政府所面臨的財政困境。另外作者引經據典提出具體數字來證明中央與地方在財政稅收上的不平衡，使得讀者可以清楚了解目前財政結構上的一些問題亦為作者在論述上的另一項優點。

　　作者在第二節的文章中則針對我國當前財政劃分法修正草案作一逐步的檢視，並提出歸納要點，使讀者能清楚了解在各種版本中的異同觀點且在短時間內即可掌握住草案重點所在，文末則針對財政劃分法草案提出個人的評價與觀點。作者的重要論點以為南部地區財政困境主要來自幾項因素：一、政治體制欠缺誘因，使得地方政府在經濟發展作為上無法實現激勵相容；二、同時引進企業投資最終稅收主要歸於中央，地方卻要承擔所有後續負擔；三、以農業為主要產業

型態的南部縣市,要靠自身條件去追求經濟發展,有其條件的侷限。

作者認為要改變增加地方稅收的主要動能,並不是僅改變中央與地方在財政分配制度的比例,而應該針對總體與個體兩種層次作同時性的提升,才能將我國稅收大幅度增加,至於在地方政府如何增加其發展經濟或稅收?作者認為應提高可強化地方政府發展經濟的相關激勵誘因制度,此一建議雖立意頗佳;惟論者以為我國地方政府似不同於中國大陸地方政府具有發展自我地方產業的制度條件。因此如何提升地方政府發展經濟的制度誘因?是論者較為保留的地方,除非地方政府努力招商進而提高其獨享的若干稅目,諸如:娛樂稅等,然此一稅目到底能對地方的自有財源增加多少稅收是一大問題。從中央與地方財稅分配的制度來看不僅分配比例不甚合理,若從稅基結構來看亦不合理。由於南部地區縣市主要仍以農業或中小企業為主體的經濟型態,若地方經濟不甚發達,在稅基上即難收到較高的收入。因此,中央與地方應就稅基結構進行協商,找出雙方均能接受的方案,而不應由中央以往為主體或主導的格局。至於在提高地方政府節流方面的作法,或許可以設定一些具體指標,例如:人事費、水電費、公關費、特別費等等。

在開源方面則可設定招商家數或投資額度作為未來獎勵地方政府的依據,其餘像獎勵地方政府徵收營業稅之財政表現、獎勵各縣市在財政努力及績效上的表現,亦均為可考慮

的方向。也就是說如何提升地方政府在開源節流的績效上,應該有一明確的規範,且此一制度則應由雙方共同協商訂定出一套彼此可以接受的制度。

回　應

王元章
國立中正大學財務金融學系教授

　　古人有言「財政為庶政之母」，政府的各項施政是否能順利推動實有賴於健全的財政制度。近年來，因政治經濟環境變遷以及稅制改革使得國內整體財政收入無法有效擴張，不論中央或地方政府均在為這塊做不大的餅而傷神。當然礙於現行法規制度，國內絕大多數的稅收來源歸屬中央，換言之，中央對財政收入的使用具有主導權，地方政府由於被分配的稅收少，致使經年入不敷出，須要舉債來挹注收支間的短差，目前部分縣市已面臨法定舉債上限，財政惡化情況正日益嚴重。其中，南部農業縣市因在發展工商業的基本條件上居於不利的地位，人口相對稀少，就業機會不足，人民收入不多，以及房地產價格不高，致地方稅收不足之現象尤甚。

　　針對此議題，要如何解決或改善地方縣市的財政收支缺口呢？除了從修訂財政收支劃分法著手如主持人在其主筆的文章中整理了立法院各委員就財政收支劃分法修正草案所提之各版本內容並摘錄主要包括（一）增加地方稅收分配（如所得稅、營業稅以及土地增值稅等），（二）建立穩定的統籌分配制度（如建立分配公式、透明的分配制度、強化補助

制度規範、提升地方財政紀律以及開源節流績效,有賞有罰等),(三)鼓勵地方發展經濟與配合中央產經政策(如積極面:地方積極發展經濟或配合引進高污染產業且具備有顯著卓越績效者,應於統籌分配款項予以獎勵,並將地方經濟發展的環境污染成本納入分配統籌款時考量。消極面:地方在財政管理方面能有紀律及具開源節流的成效者給予獎勵),(四)減輕地方負擔(如國民年金、農民保險、老年農民福利津貼改由中央政府負擔,此外,對於「中央請客、地方買單」的政策修法明定一律由中央負擔),(五)確保地方財源(如鄉鎮層級的財源)等方案外,主持人另提出為達到財政分配上的帕累托改進(Pareto improvement)的關鍵應在於如何提升經濟發展成效以增加稅收而非藉由財政收支劃分法的修正進行中央與地方在分配比率上的改變。

個人非常贊同主持人所提正本清源之方法還是在於地方政府應積極發展其經濟以增加自籌稅款的能力。如前所述,近年來因政治經濟環境變遷,政府欲以減稅或稅制改革等方式來吸引國外資金回流並投入國內建設進而增加稅收但成效並未如預期,因此,在總稅收規模無法擴大下,想藉統籌分配制度的改善來徹底解決中央與地方的財政窘境,一時之間恐無法順利如願,換言之,提升地方政府之財政自主性才是王道,且有其必要性與迫切性。

茲謹就相關建議略述如下:

一、南部農業縣市宜依據本身特性,發展出自己的特色經濟

甚或結合臨近縣市規劃適合共同開發的產業。如嘉義縣新港鄉的交趾陶產業、阿里山鄉的茶產業、大浦美的生技產業以及結合雲林縣、嘉義市以及嘉義縣共同發展的觀光產業等，此一方面可以增加地區民眾就業機會，另一方面可以提升地區人民所得水準、增進地方商業經濟活動與繁榮景象，最後，期能對地方的稅收有所助益。

二、依據現行財政收支法，地價稅與土地增值稅屬地方稅，由於國內地價稅率相較外國顯著偏低，因此，也常造成國人喜歡以土地作為投資甚至投資的標的，土地價格居高不下。地方政府宜透過租稅手段調高公告地價與公告現值以增加地價稅收以及土地增值稅收，讓漲價歸公並作為開拓地方財源的重要方式。

三、地方縣市政府宜加強稅捐稽征的效率，包括提高稅務案件的查核品質，加強稅籍清查，欠稅清理，稅課資料通報等以達嚇阻逃漏稅之效果與增加地方稅收的目的。

四、地方縣市政府宜加速推動公營事業民營化或公辦民營方式以提升經營效率，降低財政負擔，此外，宜鼓勵民間參與公共建設，如市場、停車場、污水處理場、平價住宅或大眾運輸系統等，妥善運用民間資源不僅可舒緩地方財政負擔，尚可提高經營品質與效率。

此外，在地方財政收支的財務管理上，相關建議如下：

地方稅收的管理除了要有安全考量外，如何將閒置資金作最好的投資運用使其獲利極大亦非常重要。因此，若能在

法規上鬆綁，至少允許地方稅收能投入以安全性佳的貨幣市場，購買國庫券、商業本票、銀行可轉讓定期存單、銀行承兌匯票、公債之附買回、附賣回約定等標的，將可為地方財政帶來一筆不小的收益。

國內地方縣市因常年稅收不足，除仰賴中央統籌分配款與補助款外，普遍存有舉債借款的情事。既然舉債無法避免，因此，希望在舉債規劃的管理上必須要符合「資金的來源與用途相配合」的要求，那就是以長期舉債所得支應長期的資本支出，短期的舉債所得支應短期的資金調度需求，如此，方可大幅降低地方財務因流動性不足進而產生倒債或破產的危機。

部分縣市舉債已瀕臨法定上限，因此，建議每位行政人員施政要有成本效益觀念，並可成立財務診斷機制，對每項業務所使用的資源以及其能發揮的效益作一全盤檢視，以減少不經濟支出並確保每分錢都是花在刀口上。

由於地方縣市之預算編列須以「收支平衡」為前提，但因地方自有財政收入不足，在歲出預算規模無法減縮下，稅入預算的編列多有虛增或高估的情事以利議會的審查通過，如此就產生了收支缺口須以舉債來填補挹注。故建議地方預算的編列務必遵守「量入為出」的基本精神，否則地方債務只會有增無減。

回　應

朱耀祥

吳鳳科技大學通識教育中心講師

　　拜讀馬祥祐教授大作，個人深表認同，馬教授資料蒐集的用心與觀察入微，個人甚為敬佩，具前瞻性的視野與批判觀點，以及具體建設性建議，更是提供關心地方財政問題者的最佳參考論據。

　　馬教授文中首先指出，中央與地方財政分配不公一直是個頗受爭論的議題，從財政劃分法第4條稅賦歸屬中看來，稅額較大的主要都劃歸給國稅，地方稅的數額相對有限，本來就中央多、地方少，這是財政分配制度的原始弊端。2010年後為了因應五都成立（2011年）以及推動跨區域的合作，地方制度法新增了第24-1、第24-2及第24-3條，允許地方政府為處理跨區域自治事務、促進區域資源之利用或增進區域居民之福祉，得與其他直轄市、縣（市）、鄉（鎮、市）成立區域合作組織、訂定協議、行政契約或以其他方式來進行合作。此規定在實務上中央事權下放、地方政府職能大幅增加，但收入並沒有相對增加。2000年財政劃分法上路以來，國稅佔全國賦稅收入比重急速上升，地方稅收則急速下降，導致地方政府財政更加陷入困境。馬教授文中（圖二）揭示，

早在 1987 年以來中央與地方收入、支出走勢中，已明顯發現中央的財政收入是遠大於支出，地方財政支出則遠大於收入，而中央政府與地方政府的收入與支出落差正在持續擴大，只是中央是收入增加、支出減少，地方卻是支出增加、收入減少。在這樣的格局下，中央享有充分的資源，讓地方政府只能依賴中央的補助、聽中央鼻息，這是制度造成地方財政困難的原始因素。

接著馬教授以嘉義市為例，提到嘉義市的稅課收入佔市府收入比重，從 1998 年的 50.9% 下降到 2011 年 39.09%，但上級補助及協助收入比重卻從 1998 年的 33.12% 上升到 2011 年 55.14%。對補助及協助收入依存度則從 1998 年的 34.17% 上升到 2011 年 56.43%。形成這樣困境的主要原因在於近年來中央的諸多政策均要求地方負擔部分經費，在總體稅收中央增收減支，地方減收增支的格局下，使得地方政府越來越仰賴中央的財政補助。而國民年金與農保等政策讓以農業為主的南部幾個縣市財政負擔更沉重。而地方政府在開拓自有財源上成效不彰也因農業為主的縣市工商發展條件欠佳，地方獨有稅很難對地方財政產生直接的助益，苛責其怠於發展經濟顯然有失公平。

馬教授檢視了 13 個財政劃分法修正草案的版本，發現其特點為：

1. 增加地方稅收分配：有 12 個版本要求，修改重點在於擴大統籌分配款的額度，主要訴求是減少中央獨享稅額，

或擴大中央地方共享稅賦中地方可分配比率,討論的標的是所得稅、營業稅、土地增值稅等,還有針對普通統籌分配款比率要求提高的訴求。

2. 建立穩定的統籌分配款制度:有 8 個版本要求修法的重點在於建立穩定的分配制度,包括建立分配公式、透明的分配制度、強化補助制度規範、提升地方財政紀律及開源節流績效,有賞有罰等。

3. 鼓勵地方發展經濟與配合中央產政策:有 6 個版本修法重點在於鼓勵地方發展經濟,積極面的修法包括地方積極發展經濟,或配合引進高污染產業,且具有顯著卓越績效者,應該在統籌分配款項給予獎勵,以及將地方經濟發展的環境汙染成本納入分配統籌款時考量。消極面的修法則是地方在財政管理方面能有紀律及開源節流的成效者給予獎勵。

4. 減輕地方負擔:有 5 個版本提出減少地方的財政支出,關鍵訴求為國民年金、農民保險、老年農民福利津貼改由中央政府負擔,同時對於「中央請客、地方買單」的政策,修法明訂經費一律由中央負擔。

5. 確保地方財源:有 3 個版本提到確保地方財源,尤其是鄉鎮級財源。

對於上述修正版本,然馬教授認為,各方的修改重點主要是著重在分配比率上,然而這樣的修正對於經濟發展較佳的地方是有更正面與直接的助益,但對於本身經濟發展不好的地方,尤其是以農業為主要產業型態的南部縣市,如此的

修改並沒有真正幫助。亦即此方向修法重點只會讓富有的縣市更富有，窮的縣市卻無法改變對中央統籌分配款依存度越來越高的窘境。同時，這樣的操作方式只是改變大餅的分配比率，對於跨縣市或者全國統籌性的支出必然受到排擠，在稅收本身並沒有增加的情況下，不是一種理想的帕累托改進（Pareto improvement）。

最後，馬教授認為更應該爭取的是要求中央在分配款中撥出相當比率金額，用於補助地方政府的經濟發展方案，從中央爭取來的經費不應該只是消極用來填補地方人事或福利經費缺口，而應該用在積極的發展經濟上。他也指出，地方可能在規劃與發展經濟上欠缺所需的人才與眼光，他建議可以透過與各大專院校合作與多方諮詢來加以解決，同時，在計畫審核時將計畫的可行性與效益列為評比關鍵，將可以大大降低作文比賽與蚊子館的出現！所以，地方政府除了爭取提高地方稅收分配比例，關注財政分配制度的建構與確保地方財源外，更應該將鼓勵各地方政府的經濟發展的計畫型補助款列為爭取重點方向，而中央則應該將協助地方經濟發展的經費加以明確化，如此，財政分配的帕累托改進方有可能逐步實現，而南部地方經濟發展才能步入正向循環。

以南部觀點思考地方財政與經濟問題而言，個人對馬教授大作深表同感，但也有些淺見，提供大家參考，請不吝賜教。

首先，是對此問題觀察角度與基本觀念的思考。國家財

政分配本該是整體考量的,除非我們確定目前財政分配並非整體考量,甚至是以北部觀點為主,否則,「從南部觀點出發」本身就是一個值得商榷的角度,甚至是另一個對抗整體及北部觀點的偏見。但若以關心南部而表達觀點供中央政府思考,則是一個值得我們探討的重要議題。而「財政分配不公」雖是地方縣市政府對中央與直轄市的質疑點,然何謂「公平」?怎樣分配才算「公平」?恐怕是一個不易釐清的問題,公平絕不是「平分」,也不是依人口或土地面積來「平均分配」,更不該是依該地稅收多寡「按比例來分」,而可能是要以全民最大利益的角度來看,即「怎樣的中央與地方財政分配對全民的普遍利益增進最大?」,否則必陷入顧此失彼的「永遠無法公平」困境。套用 Peter M. Senge 在其《第五項修練》書[1]中的觀念,即中央與地方財政的分配必須是整體國家的「系統思考」,而不該是偏向中央或地方的財政本位立場,這也才符合憲法中「均權」觀念與「均富」目標的要求。哈佛大學 Michael Sandel 教授對「正義」的思辨,[2] 頗值得我們在國家財政分配的「公平性」上深思。當地方政府都寄望藉由財劃法與公債法的比例修正,來解決財政問題時,其實,忽略了當前財政困境的根本原因就在於近年來大幅擴張支出的結果。除了「基礎預算制度」的不當,使預算年年擴張外,

---

[1] Peter M. Senge (1994)。《第五項修練》(*The Fifth Discipline*;郭進隆譯),臺北:天下文化。
[2] Michael Sandel (2011)。《正義:一場思辨之旅》(*JUSTICE:What's the Right Thing to Do*;樂為良譯),臺北:雅言文化。

各級政府努力花錢去兌現選舉時的不當支票，使國內到處充斥著為人詬病的「蚊子館」、「野狗路」與「蒼蠅街」等多餘或閒置的建設，再不遏止，未來恐怕還有「蜘蛛工業區」也說不定。財政大餅既然捉襟見肘，各級政府就該有撙節與將錢用在刀口上的觀念與作為，否則如何分配都將不足。

其次，地方政府因其能自主的財稅不足需仰賴中央補助，這是否是一個大問題？還是根本就是世界各國在國際間與城市競爭下必然的趨勢？可能值得我們思考。畢竟，現在許多國家級的建設皆設置在各縣市或跨縣市區域，不論規模或經費常是地方政府所無法負擔的，若全部交由地方去規劃執行，除了人力與能力可能面臨困難外，更可能因地方的本位主義而導致溝通協調困難與執行爭執，在觀察各縣市對中央經費依賴時，可能必須同時觀察其大型或國家級計畫的增加狀況，才不致陷入地方建設高度仰賴中央的誤解。如近年在嘉義、臺南、高雄等市區，皆有不少大型國家級建設計畫，對中央的財政倚賴比例相對較大。

再者，地方政府常以經費不足為藉口，不做積極發展地方經濟或具競爭特色的作為，恐怕是讓中央更不敢放手給予地方自主財政權，而讓地方財政陷入更加依賴中央的惡性循環中。就如馬教授文中所提「地方政府對地方經濟發展事宜大都停留在口號與規劃，或是仰賴中央鼻息、等待中央關愛眼神前來建設，實務上則將大量心力集中在辦理活動或發放社會福利等民眾容易看見的工作上，或者有助於建立政治人物自我社會形象，與煽動民眾情緒的作為上」，近年來地方

政府對外向中央喊窮，對內則經常砸大錢舉辦各種節慶娛樂活動，辦晚會、放煙火與民同歡，對於提升地方競爭力的公共建設與基礎環境之改善，許多縣市顯然較少用心經營，長此以往，也使得我們在世界城市競爭的浪潮中漸漸失去競爭力而有被邊緣化的危機。

最後，地方財政嚴重短缺的問題，表面上看似乎是分配比例不夠，但肥了中央就瘦了地方，肥了地方也就使中央無法應付國家重大計畫支出，財政大餅就那麼大，在比例上角力，對國家整體財政而言實於事無補，如何把經濟提振、讓稅收增加，把整個財政大餅做大，才是釜底抽薪之計。誠如馬教授在文中所言：「地方政府怠於發展經濟，只想向中央政府要錢，這樣的心態並無助於地方的發展」。所以地方財政應該是積極的節流與積極設法創造開源才是。而部分修正建議案要求確保鄉鎮層級財源者，實已不合未來全球國家及城市競爭的大方向趨勢，臺灣地小人稠，行政區域與財政分配實不宜過度切割到鄉鎮層級，以免資源過度分散又因執行力不足而浪費。長遠之計，個人認為：鄉鎮自治部分應逐步限縮，以免缺乏整體考量之小型工程侵蝕預算。

至於地方在規劃整體發展計畫上，馬教授建議可以透過與大專院校合作方式來進行，個人則認為應該延請實務方面專家來規劃，以免大專校院執行研究計畫的緩不濟急或太學術而脫離現實，但大專校院人才倒是擔任規劃監督與諮詢的必然選擇，才不致於讓發展計畫缺乏長遠性或違背社會公益等。

另外，值得一提的是，我國財政狀況日益惡化，有陷入財政破產危機的可能。根據主計處的統計資料，2009至2012，各級政府的總支出平均每年達2.65兆元，比2007年增加4,000億元以上，在收入並未同步增加的情況下，每年收支短差達4,104億元，遠高於2007年的454億元，導致債務急速墊高。歸其因除原物料上漲導致的通貨膨脹與工程費、工資等提高外，各級政府每每為彰顯政績或討好選民，常會想盡辦法增加支出，如舉辦各種大型活動、推出福利方案或建設計劃等，且每遇到景氣衰退或危難事件，動輒以擴大政府的支出來因應。惟從預算資源使用效率來看，因所推動的多屬短期性救急措施，欠缺完整規劃而造成浪費，對提振經濟與生產力的助益也不大。因之，值此財源明顯不足的情況下，政府優先要做的應該是節制支出，而不是在固定的財政大餅下試圖瓜分到更高的比例。觀乎2003年中央政府財政赤字高達3,147億元，到了2007年在沒有出售任何國營事業股票下，赤字可以降至97億元接近平衡的狀態來看，除因稅收逐年成長外，嚴格控管支出不增加是最主要的因素。[3]

已開發國家長期以債養債的結果，大多走上財政敗壞的不歸路，歐債危機即是最佳例證，政府若不知撙節財政支出，輕則政權垮臺，重則國家破產、全民受害。近來美國也面臨「財政懸崖」問題，雖然其在1962年就立法限制政府舉債的

---

[3] 參閱許璋瑤（2012）。〈不願面對的國家財政真相〉，《想想臺灣論壇》，http://www.thinkingtaiwan.com/public/articles/view/223

上限,但 50 年來總共做了 75 次修正,目前上限 16.4 兆美元,政府卻舉債已達 16 兆美元,因此陷入「財政懸崖」進退兩難的困境。依照國際貨幣基金會(IMF)對政府債務的定義,我國政府債務至 2011 年底為 6.7 兆元(含地方政府 1 兆元),占 GDP 的 49.2%,負債比率相較於各國雖不算高,惟近年上升速度太快仍應注意。但若加計近 15 兆元的潛藏性債務(包括:軍公教退休金 8 兆元、勞工保險 6.3 兆元及國民年金 0.2 兆元等),則國家未來需償付債務超過 21 兆元,是 GDP 的 1.58 倍,屆時將面臨財政破產。因我國資源相對匱乏,政府舉債應更審慎,檢視目前公債法所規定整體政府債務上限仍有舉債空間,因此在政府支出未有效節制前應予維持,只需就縣市債限比率不合理部分作調整,以免步入財政潰堤難以收拾的局面。

論語中強調國家「不患寡而患不均」,當前政府財政資源則是「既患寡也患不均」,因此財劃法確實需要修正,但在全國龐大財政缺口下,如果不做制度性變革,未來財政不論怎麼劃分,都會有財源不足的問題。因此,必須重整國家財政的紀律,建構節制支出與創造財源的機制,首先應明確劃分中央與地方支出權責,再依據各項客觀具體數據,核實分配中央與地方財源,讓各級政府站在相同財政基礎下競爭,制定各自創造財源的誘因,方能把財政大餅做大。而各項法定支出與福利措施亦應作更嚴謹規範,以避免縣市在福利支出上惡性競爭。

至於實務上如何治標與治本？蔡英文曾提出一些主張頗值參考，她表示：過去「重中央、輕地方」，又無明確法則依循的財政劃分方式應該徹底改變。面對「五都」新局，升格後的直轄市財政問題必須加以解決，但若其他四都要「向臺北市看齊」，其影響所及，必然造成未升格的其他縣市成為更加弱勢的財政受害者。她提議中央政府及各縣市事權應大幅調整，中央事權可委託地方代辦者應積極下放，相關經費亦應挹注地方財政，俾讓「中央有權，地方有能」。關於五都、直轄市與非直轄市的財政分配落差，應該於短期內建立一個協調性的分配機制，在彈性分配公式下，將彼此差距逐年縮小，並達到逐步公平分配財政資源的目標。從中長期來看，她認為必須進行全面性的財政結構重整，包括支出面與收入面的同步配套改革，思考要如何因應新的經濟情勢和社會結構變化？未來國家發展的方向與目標為何？各項保險制度包括勞保、軍公教退撫制度、全民健保、國民年金等社會福利體制要如何作根本變革以確保永續運作？政府和民間資源如何作最合理的配置？財政支出結構如何相應調整？稅制改革如何兼顧公平、效率與永續發展？她也提出三個應該配套研究的改革議題：包括行政區劃的再調整、推動「公共服務產業化」及發展「第三部門」等。[4] 個人認為，如文前所述，下放錢與權給地方政府部分有待謹慎考量，個人建議地方規劃與執行權的範圍仍應以個別地方事務為主，若涉及跨

---

[4] 參閱蔡英文（2012 年 10 月 25 日）。〈面對臺灣財政危機〉，《新新聞週刊》。

縣市或全國性者仍不應由地方政府計畫執行。至於蔡英文其他的主張則是大原則甚至是疑問，並未見具體規劃，仍有待學界研究與規劃其可行性。

回　應

雲林縣政府

　　雲林縣政府每年度總預算均產生 40 億元的財政缺口，對於老舊校舍整建、超齡警消車輛之汰換，超過 120 條待整治的河川，更苦無財源可以辦理，預算既有財政缺口未經填補，執行過程雖極力開源節流，決算結果，100 年底已攀升至累計絀數 142 億元、應付債務高達 295 億元，超過一個年度總預算並已瀕臨法定舉債上限，財政困境絕非單憑本縣自己努力開源節流所能解決。

　　財政結構方面，101 年度預算，在歲出面，人事費用、其他法定支出等法定義務支出占歲出預算總額 265 億元 82.64‰，而自有財源加計統籌分配稅款及一般性補助款仍不足以支應，端賴計畫型補助款挹注。剩下的基本建設經費，只能靠舉債應變。顯見地方財政結構僵化、財源不足之嚴重程度。問題根源在於現行財劃法分配地方財源不足，中央政府不能再漠視。

　　現行財劃法，除了分配地方財源不足外，尚有分配不公的問題，60% 財源（統籌分配稅款＋一般性補助款）分配給六都（直轄市），16 個縣市政府只分得 40%。查 101 年度預

算,臺北市自有財源 1,286 億元,自有財源比率(自有財源占歲出總額之比率)68.31%,相較雲林縣自有財源(自籌財源＋統籌分配稅款)比率 39.8%,反應在社會福利標準差異上有天壤之別,同為國民卻因居住區域不同而有次等公民之感。

從需求面來看,農業縣人口結構,老人、身障及低收入戶占人口比率(稱「人口扶老比」)遠較工商型都市為高,嘉義縣扶老比為 22.25% 為全國第一,本縣為 21.56% 為第二名緊追在後;再者「每戶可支配所得」,雲林縣為 67 萬元位居倒數第三名,即從「人口扶老比」、「每戶可支配所得」來看,需求較高的農業縣市,獲得的財源分配反卻遠少於需求較低的直轄市,導致(100 年度)人均社福預算,雲林縣為 5,250 元,臺北市為 17,070 元,分配不均、不公是現行財劃法應該修正的事實。

財政分配除了應解決患寡及患不均的問題,尚有分配的效率問題應受到重視,也就是說,可供分配的餅,在有效率的分配機制下,這個餅應該一年比一年更大。因此以財政努力為分配指標,就應該審慎規劃,所選定之指標應該具有促進經濟成長、稅收增加的功能。以此檢視目前統籌分配稅款及補助款,關於財政努力所選定的分配指標,諸如地方稅稽徵努力度、規費罰鍰及賠償收入工程受益費等收入情形、營利營業事業銷售額等,皆較不利於農業縣市,難有激勵效果。卻對於配合國家政策,引進高污染產業,承擔環境及人民健康的特別犧牲,為全國經濟做出重大貢獻,這種招商努力,

沒有給予適當的補償,中央能見秋毫之末而不見輿薪,實令人匪夷所思。

以本縣六輕工業區為例,六輕每年上繳中央的稅收高達400億元,雲林縣透過中央統籌分配稅款,獲增分配5億元,這相較下已是區區的5億元,在一般性補助分配階段,因本縣基本財政收支差短改善5億元,相對等額減少基本財政收支短差補助5億元,其結果是本縣引進六輕高污染產業的特別犧牲,其財政效益全歸中央(中央一手增給統籌分配稅款5億元,另一手減少基本財政收支短差補助5億元),這樣的分配機制,無法鼓勵地方政府配合中央政策,努力招商,雲林縣變成前車之鑑,其他縣市視為畏途。可見現行之財政努力分配指標,未能對症下藥,分配的效率問題,仍是待改善的問題之一。

前述本縣六輕工業區,還涉及公平正義、財政自主的問題。六輕生產活動造成環境污染等外部成本,中央未課徵能源及環境稅,也沒有建立其他法制化的回饋機制,則因其外部成本沒有內部化,造成資源配置不效率的問題,即本縣環境及人民健康,經由六輕產品被國人、外國人低價過度消費。中央政府一味以國家整體經濟考量為由,不同意本縣課徵碳稅、碳費,本縣為全國所付出的特別犧牲,沒有獲得應有的補償,就是不符環境正義。另外也有地方財政徵收之自主權不足的問題。

綜上,要解決本縣財政與經濟發展的問題,主張應修正財政收支劃分法,改善其患寡、患不均、分配不效率、分配

欠缺公平正義的問題，分述如下：

1. 改善患寡：增加可分配金額，行政院版的財劃法修正草案第 8 條，所得稅收入 6% 提高為 10% 納入中央統籌分配稅款財源。

2. 改善患不均：在基本建設需求的分配指標，加入「每戶可支配所得」為分配之逆指標。另在財政努力的分配指標，應納入「農林漁牧產值」為獨立的指標之一。如此可使農業縣市有機會可與工商縣市在較公平的基礎上，分配財源，以改善其地方基本建設，進而均衡區域發展。

3. 改善分配不效率、促進公平正義：對於地方政府配合國家政策，引進高污染產，所付出的財政努力及犧牲，應增加分配，增裕其地方自主財源以資回饋。

總而言之，必須把餅做大，擴大可供地方分配之財源，使地方政府在中央統籌分配稅款分配後，能彌平基本財政收支差短的問題，另財政努力之激勵作用為必須考量農業縣之基本條件與工商大縣不同，適度增加「農林漁牧產值」之分配權數，增裕其財源以辦理經濟建設，改善經濟問題，可供分配的餅才會越分越多。

政府決策與正義思量——
論中油高廠遷廠議題

莊淑瓊
國立嘉義大學公共政策研究所助理教授

一、前言

2012年4月6日凌晨3時許,中油高雄煉油廠丁二烯工場氣爆失火,被形容為中油五輕20年來最嚴重工安事故。[1]地球公民基金會隨後發表聲明,要求政府信守1990年許下的關廠承諾,如期在2015年將中油高雄煉油廠關廠,讓後勁居民免於工安不定時炸彈的威脅,也讓高雄藉此機會逐步擺脫重工業的污染,還給高雄民眾一個永續的希望。[2]看守臺灣協會秘書長謝和霖也表示,中油五輕早年是日本海軍煉油廠,舊管線太多,土壤及地下水受到污染,距離民宅太近,陳年問題很多,最好的方式就是關廠。[3]

2011年11月19日在高雄楠梓,許多環保團體與學者及

---

[1] 歐陽良盈、徐如宜、謝梅芬(2012年4月7日)。〈中油五輕氣爆 烈焰灼夜空〉,《聯合電子報》,paper.udn.com/udnpaper/PID0001/214179/web/#6L-3802433L

[2] 劉力仁、楊久瑩(2012年4月7日)。〈環團促中油五輕104年如期關廠〉,《自由時報電子報》,www.libertytimes.com.tw/2012/new/apr/7/today-fo5.htm

[3] 同前註。

後勁社區居民成立「煉油廠生態公園促進會」，認為高雄後勁自1980年代起就飽受中油高煉廠及一輕、二輕所造成之地下水、土壤、空氣污染，使後勁居民生活品質惡劣。1987年～1990年政府推動興建五輕，當時行政院長郝柏村因感受當地居民污染之苦，於1990年簽下「中油五輕動工興建，25年後無條件遷廠」之承諾公文。促進會因此主張2015年中油五輕廠遷廠後，原土地轉形成煉油廠生態公園，[4]並且主張中油應該放棄該筆土地所有權，並將其轉贈高雄市政府，作為煉油廠生態環保公園，以對數十年來對後勁居民及全體北高雄市民污染賠罪。

2011年6月16日經濟部工業局舉行「我國石化產業高值化策略規劃會議」，時任中油董事長朱少華表示中油高煉廠將於2015年遷廠，預計遷往馬來西亞柔佛州，全案已經「加速進行」中。

高煉廠區週邊及後勁部分居民長期以來已與中油高雄煉油廠因環境與公共衛生及健康等關注處於對立狀態，工安事件更是激化中油公司與後勁居民及環保團體間因對生活環境權益的主張不同所產生的衝突。

這些工安事件看起來就像時有耳聞的衝突事件，表面上是業者與地方居民的紛爭，再度為經濟發展與環境保護兩難取捨增添一案例，實際上卻因為這個業者是中油，是連動著

---

[4] 劉欣維（2011年11月21日）。〈後勁反五輕 催生工業遺址生態公園〉，《環境資訊中心》，e-info.org.tw/node/71812

整個臺灣石化產業的國營事業。面對 1990 年郝柏村院長所做出的承諾，要求五輕及大社石化工業區關廠與遷廠的聲浪越來越大。經濟部中油公司顯然也已經針對遷廠進行作業，與此同時，石化產業鏈相關產業對前景憂慮加深，認為將造成臺灣經濟嚴重的負面影響。

因立場不同，主張遷廠與反對遷廠的意見與論述持續地交戰著。在「高值化趨勢下之大高雄石化產業發展方向規劃」的論壇中，有資深媒體人黃世澤認為，五輕若關，臺灣經濟將完蛋；有國光石化公司董事長朱少華認為石化產業是臺灣經濟的基石與命脈，斷不可輕言廢棄；臺灣區石油化學工業同業公會理事長陳武雄認為五輕一旦關廠，將可能嚴重影響臺灣經濟發展，錯誤的決策將造成政府與人民雙輸；立委林岱樺認為，財政劃分未反應地方所承受之外溢成本；高雄市議員陳信瑜則說「高雄石化產業要繼續發展，絕對是基於經濟就業的考量，因為我不能為了討好選民而反對，而是更該想想到時若是選民來找我要工作時，我要如何面對。」[5] 本文並不特別針對贊成或反對的立場加以論述，但著眼政府的決策過程，在決策過程中到底哪些人是這整個事件的利害關係人。世界各國的政府與人民都在追求永續發展，是環境的永續，是社會的永續，也是經濟的永續；但在這個事件上，我們談的是誰的永續，誰的正義呢？

---

[5] 盧富美整理（2012 年 8 月 25 日）。〈中油五輕去留──產學民意攜手找出路〉，《自由時報》A24 版。

二、永續發展與環境正義
(一) 永續發展

　　永續發展的概念，根據 W. Eisenberg 等學者的考證，早在十八世紀就有類似的主張與宣言。追求人類社會的永續發展，目的在諧和不同時空地域人口，經濟與資源環境之間物質能量的有效轉化與供需均衡的關係，以滿足當代人的健康發展與未來人口幸福生存的需要。

　　1980 年 3 月聯合國大會呼籲：「必須研究自然的、社會的、生態的、經濟的以及利用自然資源體系中的基本關係，確保全球的永續發展。」，聯合國世界環境與發展委員會（WCED, World Commission on Environmental and Development）在 1987 年的報告（the Brundtland Report）中提出，永續發展是「既滿足當代人的需求，又不危及下一代人滿足其需求能力的發展。」其後又於 1996 年對永續發展的定義重新詮釋：「一種能持續改善當前世代與未來世代環境、社會與經濟利益的發展過程。」Agyeman（2004）對永續也有同樣意義的詮釋──「是一種需求，在現有的有限的生態系統中，以一種公平和正義的方法，確保全人類生活品質的提升。」

　　永續發展涉及經濟、社會、文化科技、自然生態各面向並體現於三個層面上：社會層面──議題主要包含分配、公平與正義，以及滿足當代與後代全體人民的基本需求；經濟層面──議題主要為建立在保護地球自然系統基礎上的持續

經濟成長；環境生態層面——人類與自然的和諧相處。研究學者多能同意「只要社會每一個時間段內都能保持資源、經濟、社會同環境的協調，那麼，這個社會的發展就符合永續發展的要求」。[6]但實際上，也有學者認為永續發展的三個社會層面往往被認為是支撐永續板凳「較短的那隻腳」——在政策上尚未被充分的瞭解、討論與處理。[7]當永續指標的建構成為各國積極進行的工作時，永續指標的建立是否重視「分配」的影響，以及利害關係人是否「參與」環境相關政策的作成，逐漸聚集了更多的關注與討論。

（二）環境正義

根據維基百科，「正義」是關於適當安排客觀存在的事物和個人的概念。政治哲學巨擘 Rawls 著有《正義論》一書，認為正義即公平（Justice as fairness），正義要求的不只是不偏袒地執行既定的分配制度，也需要不偏袒地分配社會權益。根據 Rawls 的看法，在原初立場中，所有人都是自由的，立約者之間是平等的，沒有人可以用任何方式取得任何比別人有力的地位，而正義便是建立在此公平的基礎之上。[8]

---

[6] 劉阿榮（2002）。《臺灣永續發展的歷史結構分析——國家與社會的觀點》。臺北：揚智文化事業股份有限公司。

[7] Pearsall, H., & Pierce, J. (2010). "Urban Sustainability and Environmental Justice: Evaluating the Linkages in Public Planning/Policy Discourse." *Local Government*, Vol. 15, No. 6, pp. 569-580.

[8] 石元康（1995）。《當代自由主義理論》。臺北：聯經。

環境正義被認為是社會正義的一個重要面向。[9]Agyeman（2007）認為環境正義（environmental justice）與永續（sustainability）兩者間存在著理論概念上與實務上的差異與相容性。他認為 Taylor 的環境正義典範（the Environmental Justice Paradigm）是個整合階級、種族、性別、環境以及社會正義的架構，是環境正義的理論基礎；而 Catton 與 Dunlap 的心環境典範（the New Environmental Paradigm）則開啟了環境管理與永續議程，影響所及包含絕大部分目前在美國以及許多其他國家的環境與永續相關組織，但它卻對公平與正義缺少論述。多數人相信，當人類活動對環境產生影響時，社會弱勢族群總是首當其衝的成為受難者。[10] 本文的「正義」指涉顯因「鄰避」（Not in My Backyard）設施帶來的不確定性與風險性，使設施附近的居民產生社會不平等對待。「環境正義」簡言之，便是因此而產生在環境上要求平等對待的訴求。

Millner 認為衡量環境正義應包含幾個指標：(1) 受相關環境決策影響的人有權參與這些決策，他們的意見被審慎考量；(2) 環境法規公平且適切地被執行；(3) 環境風險公平地分佈

---

[9] Millner, F. (2011). "Access to Environmental Justice." *Deakin Law Review*, Vol. 16, No. 1, pp. 190-207.

[10] Eckersley, R. (2004, February). *The state and access to environmental justice: From liberal democracy to ecological democracy.* Paper presented at the Access to Environmental Justice Conferene. Alfred Cove, Western Australia.

在整個社會。[11] 簡而言之，要達到社會正義，就應該讓會身受其害的社區居民能參與並且賦予他們審查與土地使用及開發等相關環境法案與決策的權力，並能監督環境法的執行。

三、誰的正義與永續
（一）遷廠符合了誰的正義？

1972 年「聯合國人類環境會議」（UN Conference on the Human Environment）宣告中，明示人類有權享有良好的環境，但也有責任為子孫後代保護和改善環境；各國有責任確保不損害其他國家的環境；環境政策應當增進發展中國家的發展潛力。該會議揭示了「環境正義」的概念，但主張環境正義的存在與爭取是不論世代不論國界與種族的。

根據中油董事長朱少華在經濟部工業局 2011 年 6 月 16 日所舉辦之「我國石化產業高值化策略規劃會議」中表示，中油高雄煉油廠將於 2015 年遷廠，馬來西亞政府預計在明年中完成可行性評估報告，就能確定落腳在馬來西亞柔佛州。至於五輕是否一併遷移？朱少華表示「目前還在和高雄後勁居民溝通，如果後勁居民不同意，五輕就會與煉油廠一併遷往大馬柔佛州」。

---

[11] Millner, Felicity (2011). "Access to Environmental Justice." *Deakin Law Review*, Vol. 16, No. 1, pp. 190-207; Robert Bullard (2011), "Environmental Justice: Strategies for Creating Healthy and Sustainable Communities". (Lecture given at Mercer University, Atlanta, 20 January 1999) http://www2.law.mercer.edu/elaw/rbullard. htm#tr.

2012年馬來西亞首相納吉（Najib Razak）宣佈,將與臺灣石化業合作投資一千兩百億美元（約新臺幣三點六兆元）,參與大馬國家石油公司煉油廠及石油化學綜合計畫。中油於同年5月13日證實,轉投資國光石化正與當地政府討論,參與投資的金額約一百億至一百二十億美元（約新臺幣三千六百億元）,將待主管機關同意前往投資。[12]

國光石化落腳彰化的計畫在居民的抗爭中被政府裁判出局,將轉進馬來西亞投資。中油煉油廠,國營的石化工業,如果因為居民的「鄰避」情結抗爭,抑或因為政府出於對高雄應盡環境保護的社會責任（承認中油對環境產生破壞,又認定無法善盡污染管制與整治之責）而決定「遷廠」,固然看似有效回應了後勁居民對「環境正義」的訴求,但遷往大馬不正是試圖將「對環境的破壞與污染」轉移輸送到其他地方,進而造成「損害其他國家環境」的事實。政府在本國之內既無法有效管制自身國營石化事業的社會外溢成本,又如何能將它轉移他國?來日倘若馬來西亞柔佛州也產生「環境意識」,政府是不是要承受更多的譴責並支付更大的代價來進行「再遷移」,而這些成本由誰支付呢?

對地方居民來說,只要不是在我家後院,具不確定性與風險性的設施要遷到什麼地方可能不會是他們關注的焦點。對政府而言,如果環境正義是唯一遷廠的考量,是不是也落入了國與國間的「鄰避情結」呢?

---

[12] 陳俐妏（2012）。〈傳國光石化轉進馬來西亞投資120億美元〉,《鉅亨網》,news.cnyes.com/Content/20120514/KFKCG6QSPY3XI.shtml

(二)環境正義之外,經濟永續呢?

1. 取得環境正義的代價——大高雄去工業化?

世界經濟論壇(World Economic Forum, WEF)公佈之《2011-2012年全球競爭力報告》中,我國在「企業成熟度支柱指標」之「群聚發展」細項的表現排名第一。根據賴宗福、李杰憲的研究臺灣的產業群聚空間分佈大約可分為三個區塊:北部區域為「電子科技產業群聚」,中部區域為「精密機械及工具機產業群聚」,南部區域則為「鋼鐵機電石化產業群聚」,[13] 產業群聚的功能性與重要性不容忽視。

大高雄地區的石化產業群聚完整,「大社—仁武—林園石油化學中心」主要以臺灣中油公司的三輕、四輕、五輕廠為主,生產乙烯、丙烯與丁二烯等主要石化上游基本原料。

但這個群聚鏈在104年後將有急遽的變化產生。中油站在遵守政府承諾的立場,高煉廠分三期遷廠,15年內完成18座操作工場停止,並已拆除12座。第三期第16～25年內預計停止28座操作工場,目前已經停止的有6座。

100年6月1日在中工百年永續發展建設國際研討會上,時任中油董事長之朱少華董事長,對臺灣石油化學產業發展做了回顧與前瞻的報告。該報告指出「臺灣石化產業歷經民國62～72年發展階段,到73～76年穩定成長,從76年下

---

[13] 賴宗福、李杰憲(2012)。〈兼顧環保與經濟下之高煉未來發展建議〉,發表於大高雄地區之石化產業未來發展趨勢學術研討會。

半年起進入發展受阻階段。79 年中油五輕動工，遭高市後勁地區居民長期抗爭，後經當時經濟部蕭部長允諾若五輕開放，高雄煉油廠一輕拆除、二輕停工及 15 億元回饋基金，以孳息方式回饋當地居民，才獲同意。」該報告又指出，當臺灣石化業面臨發展受阻，乙烯年產能在 81 年停滯在 84.5 萬公噸時，同期間，南韓大肆擴充產能，六年內由 50.5 萬公噸增加到 81 年的 350.5 階段萬公噸；而日本當年產能則為 629.5 萬公噸。民國 80～89 年間，中油五輕投產，臺塑三座輕裂工場加入生產行列，臺灣石化業進入後續發展階段；乙烯產能在 100 年時攀升至近 400 萬公噸。[14]

該報告又根據行政院經建會 98 年委託高雄都會發展文教基金會「高雄地區產業再生策略規劃」報告之數據，指出民國 104 年政府若遵守承諾將高雄煉油廠遷廠，依賴五輕地區石化業者將會因為原料短缺以及 107 年地目變更無法擴建等因素逐漸萎縮，對全國 GDP 的預估影響是下降 1.32%，南部則是下降 5.01%，全國就業人數預估減少 123,729 人，南部則是減少 116,887 人；中央與地方政府稅收都將減少。

賴宗福、李杰憲[15]根據中油公司的高雄煉油廠年產值以及工業區服務中心的大社工業區年產值資料、兩者之就業人數資料計算，發現 104 年高煉廠關廠後，大高雄每年將損失 2,063 億產值，中油高雄廠的員工有 1,876 人需要面臨失業

---

[14] 朱少華（2011）。〈台灣石油化學產業發展回顧與前瞻〉，《中工百年永續發展建設國際研討會》。

[15] 賴宗福、李杰憲（2012）。〈兼顧環保與經濟下之高煉未來發展建議〉。

問題。接著,根據大社工業區 107 年條款,地目變更問題若不能得到解決,大社工業區將走進歷史,大高雄產值每年將損失 952 億,並減少約 2,429 人的就業機會。換言之,104 條款與 107 條款對大高雄的影響是:產值一年減少 3,015 億元,而失業增加 4,305 人。若將關聯產業所受影響納入,則預估高煉廠關廠將使產值下降約 5,100 億,減少約 5 萬個就業機會。

高雄煉油廠陸續停工與拆遷,若於 104 年全部停工,以達成遷廠政策承諾,鄰近,尤其是後勁,居民不需要再承擔工安與污染等外部成本,但相對的需要面臨就業機會減少,龐大數額的地方回饋金不再,下游產業外移等經濟成本等短期直接影響。前述地方環團與學者們所提,仿照德國魯爾工業區的模式推動生態公園,貼近生活,提昇品質,自是立意良好。但《經濟學人》也曾提出,魯爾工業區曾是德國最大煤礦產區之一,但其中的葛拉夫必司脈礦區自 1960 年代停止開採與煉鋼作業後,至今經濟一蹶不振,失業率近 15%,1/3 居民仰賴救濟金過活,法國製造業外移,國內失業率超過 10%。[16] 德國法國都是經濟大國,在去工業化之後,深受衰退之苦;現在的經濟政策如同許多西方國家一樣,正努力的吸引工業回流。西班牙是全球第四大觀光國,在經濟連四年衰退後,政府為了開闢財源,搶救失業,迎來了美國拉斯維加

---

[16] 林君純(2012)。〈開賭場救經濟 西班牙病急亂投醫〉,《商業週刊》,1296 期,頁 168。

斯金沙集團將在首都馬德里投資開設賭場。中油高煉廠若如國光石化一樣,出走馬來西亞,未來國內石化中下游廠商跟著出走的可能性不小,石化業若因此產生空洞化,大高雄地區是否也會走上去工業化之路?未來呢?這個決策勢將影響大高雄區的經濟發展,誰是這決策的利害關係人?

2. 經濟問題是誰的?

過去這幾年來,臺灣所面臨的全球與國內的經濟情勢嚴峻,已經讓政府在經濟與財政政策的規劃與執行顯得進退失據。歐元區危機持續發酵,美國經濟復甦不若預期,中國大陸經濟成長也放緩,國際情勢甚不樂觀。國內則資本市場表現不理想,油電雙漲、政所稅開徵、臺股低迷、勞工對退休金的不確定性與危機悲觀感等等,使得整體消費意願降低。投資一則因為國外需求不振,二則政府公營投資與外來投資持續降溫,[17] 投資需求低落。經濟動能起不來,民眾的怨懟卻與日俱增。經濟壓力如浪潮席捲而來,勞工退休金事件引發的社會衝突儼然是階級族群間的對立鬥爭。經濟問題成為社會問題的源頭。但不論看衰或看好經濟,每個人都是臺灣經濟政策的利害關係人。誠如李家同所言:「搞好經濟匹夫有責」。

---

[17] 資料來自中央研究院經濟研究所總體經濟預測小組(2012)。〈2012年臺灣經濟情勢總展望之修正〉,《中央研究院經濟研究所》,http://www.econ.sinica.edu.tw/reports01.php?reportID=141&foreLang=tw&secureChk=2bd9052708f4bdc3d7cb339afaf5063e

四、不再拖拉的政府決策

延伸 John Perry 的「結構性拖拉」立論,[18] 許多政府都存在拖延的現象—拖延對社會問題的解決時程,拖延對政治性問題的明確表態,拖延應對經濟窘況的腳步……。拖拉(或拖延),有時是蓄意的、政策性的,有時則是迫於無奈,急不得或快不來的。當然,我們寧可相信政府不是「傲慢的拖拉」者。Perry 的「結構式拖拉」指的是盡力利用「拖拖拉拉」這個事實,依據心中所認定的重要性順位,重新建構手邊要完成工作的層級架構。根據 Perry 的立論,把時間花在作清單下方的工作,而不去作最要緊急迫的工作,是一種選擇,也是一種工作架構,因為清單下方的工作也是很重要的。這可以解釋政府許多政策的執行概況,但如果時間點已經逼近,期限已經到臨,我們要理解的是,在政府的「優先待辦清單」中,哪些是最緊急也最重要的?高雄煉油廠拉出整個石化工業的未來,業者常抱怨政府的政策目標不明確。在高煉廠這個事件上的「優先待辦清單」是不是也反應整個國家發展的政策優先順位?清楚明確的說明不同順位各種政策的可能效應,決定出哪些是必須真正列在清單最前面的工作。高雄煉油廠事件清單順位中,環境的還是經濟的?地方的還是全國的?產業定位是什麼?順位涉及選項及直接與間接長短期決策效果,關廠還是延長?去工業化還是高值化?產業轉型?

---

[18] Perry, J. (2012).《拖拖拉拉,人生照樣精采:史丹佛教授給拖拉人的成功提案》(*The Art of Procrastination: A Guide to Effective Dawdling, Lollygagging and Postponing*;蔡惠仔譯)。臺北:臉譜出版社。

公園綠地？把順位清單列出，並且讓民眾知道，應該是第一順位。以公共政策決策階段理論觀點來看，順位釐清雖仍需要靠決策系統的反饋機制來支持或修正。但政策的曖昧拖延恐將使業者無所適從拖累民眾身受其害，難以取得公共信任；或導致政策最終缺乏具體方向，如 Perry 所言「拖拉人經常搞錯方向」。

　　正義的另一關鍵意涵是「知」──足夠的決策相關資訊的公開透明以及容易取得是通往正義的必要條件，否則民眾即便取得參與管道，背景資訊不足加上主觀偏好，難以形成客觀上的政策共識，進而陷入無止盡的「拖延」循環。

五、到底誰才是政策的利害關係人？

　　政策學者 William Dunn 曾指出，必須重視政策利害關係人的意見與態度，以制定公平正義的政策。而所謂利害關係人指的是受到政府政策影響或直接間接影響公共政策，對政策下了賭注的個人或團體。[19] 政策總是牽涉資源的分配，政策的廣度視角必須夠寬，涵蓋各種不同的利害關係人，才能使政策執行更有效率，也能減少受影響民眾形成對立，降低因族群對立撕裂而產生的社會衝突。許多決策的利害關係人的認定常透過社會參與途徑，環保團體即為一例，環保團體多會積極投入活動嘗試影響公共政策的作成。但反觀那些沒

---

[19] Dunn, W. (2004). *Public Policy Analysis: An Introduction.* Englewood Cliffs, NJ: Prentice-Hall.

有參與社會活動的沉默多數,就無法被認定為利害關係人。前中油董事長潘文炎在參加臺灣石油工會第 11 屆第三次代表大會時曾對高廠的何去何從表示憂慮,並指出「我一直得到的訊息是大部分的後勁鄉親居民是希望高廠能留下來,我們經由高雄海洋大學做民調,結果是八成民眾贊成高廠留下來。」但朱董事長也指出,「贊成留下的是沉默的多數。」[20]

本文認同 Minu Hemmati 所提,公平正義民主等價值能透過公平與透明的多元利害關係人參與平臺而實現。Hemmati 所建構的民眾參與架構與層面是寬廣的,涵蓋了利害關係人的協商與妥協的折衷,也讓許多看似沒有明顯而立即利益相關的民眾的看法被連結來一起建構共識、作成決策並執行政策。[21] 本文作者相信,這些民眾持中立觀點,應可相當程度避免部分利害關係人或團體的協約與串連,促成公共利益的極大化。

政府有必要釐清高煉廠政策的利害關係人,具有空間性利害強度的後勁居民及環保團體的意見應被執政者審慎考量;但不只後勁部分居民與環團的意見要考量,全體高廠鄰近居民、高雄市民、中油公司員工與眷屬、石化業者、甚至是南部民眾、全臺灣的公民聲音都應該被聽到,因為高廠事件不

---

[20] 臺灣石油工會編輯室(2008)。〈第 11 屆第 3 次會員代表大會紀實〉,《臺灣石油工會》,http://www.tpwu.org.tw/periodical.htm

[21] Hemmati, M. (2002). *Multi-Stakeholder Processes for Governance and Sustainability: Beyond Deadlock and Conflict*. London: Earthscan Publications Ltd., p. 19.

只是一個環境事件、也不只是一個經濟事件,它關係著大高雄發展的自我定位,也對臺灣如何取捨未來的發展方向,有指標性的關鍵意涵。這些人有些是,也有些不是立即而明顯的直接受益或受害者,但長期(也許不需太久)卻絕對是會受到影響的臺灣民眾。

六、結語

政府透過政策來支持國家追求永續,環境的議題不能獨立於人類經濟與社會發展之外。如同 Agyeman(2002)所提,一個真正永續的社會是一個能整合環境生態、社會需求與福利以及經濟機會的社會。對於後勁居民,政府應該給予環境正義的回應。實質上,承受生態風險的社區應給予明確認定,強化回饋金機制,並對「受害」居民進行「最適切」的補償與賠償。在程序上,社區的關注應該透過法令給予重視並在政府決策中審慎處理。但產業與政府的決策者也應該有更多的協議,尤其在面對困難的財政時,思考更多元化的經濟架構,特別是以人和環境為中心的「社區經濟」(Gibson-Graham & Roelvink, 2011)。對其他民眾而言,應該有足夠的資訊與聽證會,更大範圍的可能有風險的社區居民的參與決策及論述是有必要的;而這個風險,不應該只是環境生態與公共衛生層面。

國光石化的去留已經確定,中油高雄煉油廠的遷廠政策,執政者應該讓政策可能產生的利害關係盡早並具體透明

讓所有關係人清楚明白；應進一步釐清高煉遷廠的政策利害關係人，給予適當的權重計算，取信民眾，建立更具厚度的公共信任。於此同時，在輸出與輸入間，臺灣也應該考量自身的全球永續責任。當然，在此之前，執政者與全民更應該思考的是我們最終要建構的是一個什麼樣的社會？我們要不要，能不能回到傳說中曾經存在的沒有紛爭及污染的海角桃花源？

參考書目

1. Agyeman, J. (2007). "Communicating 'Just Sustainability.'" *Environmental Communication*, Vol. 1, No. 2, pp. 119-122.

2. Agyeman, J., & Evans, B. (2004). "'Just Sustainability': The Emerging Discourse of Environmental Justice in Britain?" *The Geographical Journal*, Vol. 170, No. 2, pp. 155-164.

3. Agyeman, J., Bullard, R. D., & Evans, B. (2002). "Exploring the Nexus: Bringing Together Sustainability, Environmental Justice and Equity." *Space & Polity*, Vol. 6, No. 1, pp. 77-90.

4. Burger, J., & Gochfeld, M. (2011). "Conceptual Environmental Justice Model for Evaluating Chemical Pathways of Exposure in Low-Income, Minority, Native American, and Other Unique Exposure Populations." *American Journal of Public Health*, Vol. 101, No. S1, pp. 64-73.

5. Dunn, W. N. (2004). *Public Policy Analysis: An Introduction*. New Jersey: Prentice Hall.

6. Gibson-Graham, J. K., & Rolevink, G. (2011). "The Nitty Gritty of Creating Alternative Economies." *Social Alternatives*, Vol. 30, No. 1, pp. 29-33.

7. Hemmati, M. (2002). *Multi-Stakeholder Process for Governance and Sustainability: Beyond Deadlock and Conflict*, London: Earthscan.

8. Millner, F. (2011). "Access to Environmental Justice." *Deakin Law Review*, Vol. 16, No. 1, pp. 189-207.

9. Pearsall, H., & Pierce, J. (2010). "Urban Sustainability and Environmental Justice: Evaluating the Linkages in Public Planning/Policy Discourse." *Local Government*, Vol. 15, No. 6, pp. 569-580.

10. Perry, J. (2012).《拖拖拉拉，人生照樣精采：史丹佛教授給拖拉人的成功提案》(*The Art of Procrastination: A Guide to Effective Dawdling, Lollygagging and Postponing*；蔡惠伃譯)。臺北：臉譜。

11. 石元康（1995）。《當代自由主義理論》。臺北：聯經。

12. 賴宗福、李杰憲（2012）。〈兼顧環保與經濟下之高煉未來發展建議〉，《大高雄地區之石化產業未來趨勢學術研討會》。

13. 劉阿榮（2002）。《台灣永續發展的歷史結構分析──國家與社會的觀點》。臺北：揚智文化。

回　應

陳綠蔚

台灣中油公司總經理

　　主講人莊淑瓊教授以中立且客觀的角度，由永續發展與環境正義的面向，探討中油高雄煉油廠遷廠的議題。這個議題，在臺灣經濟因金融海嘯、歐債危機而面臨衰退困境、東南亞石化業快速崛起，同時世界各國對氣候變遷與環境保護愈趨重視的時空背景下，更凸顯出其重要性。以下針對高廠遷（關）廠對經濟、環境可能帶來的衝擊、中油公司的立場與因應策略進行說明，相信可對莊教授的問題做一些回應。

一、高廠關廠對臺灣經濟之衝擊

　　石化產業帶動了過去臺灣經濟的快速發展，關聯產業多達40餘種，目前整體產業年產值逾3兆元；[1] 舉凡食、衣、住、行、育、樂所使用的各項民生用品，皆與石化產業脫離不了關係。因此，石化產業可說是臺灣經濟的支柱產業。

　　石化產業之特性在於其群聚效應。石化產業上游原料和下游半成品與成品的加工業很多都以管線連接；當上游的原

---

[1] 見陳惠楓等（2010）。

料產區建立起來,對於中下游方便運輸的產品生產會有一個很明顯的群聚效應,進而產生規模經濟。

就高廠而言,其處於臺灣石化產業最上游,每日煉油量約為 22 萬桶;五輕則年產 50 萬噸乙烯與其他石化原料,供應中下游產業。當高廠關廠,其中下游石化廠勢必另覓其他供應來源,如果無法覓得則整個石化園區將難以存在。據估算,石化相關產業整體產值將下降 5,100 億元,造成 GDP 減少 2% 以上(2011 年臺灣 GDP 為 13 兆 7,450 億臺幣),就業機會減少 5 萬個[2],影響甚鉅。

若更深入來看,高廠關廠所帶來的經濟衝擊絕非止於短期。當一國的投資與 GDP 呈現嚴重下滑趨勢,將進而造成內需衰退;內需衰退後將使得廠商減少投資、失業上升,再造成 GDP 下滑,形成不斷的惡性循環。因此,對經濟的影響絕非僅僅前面所提及之數字,而影響層面也包含經濟面與社會面。誠如莊教授所提之英國與法國實例,在去工業化後深受衰退之苦,相信臺灣也將是相同的情況。

二、高廠關廠的環境效益

高廠關廠可以為環境帶來一些正面效益。依據賴宗福與李杰憲(2012),可由用水、能源消耗、空氣污染、廢水與溫室氣體排放等方面,量化其所帶來的價值,摘錄如下:

---

[2] 若依經建會 2009 年委託高雄都會發展文教基金會執行之「高雄地區產業再生策略規劃」計畫所估算,就業人數將減少 123,729 人。

（一）用水效果

以三輕更新年產乙烯 60 萬噸，每日用水需求量增 2.8 萬噸為比較基礎，推估高廠每年用水量為 876 萬噸。如以每噸 10 元計算，高廠關廠年用水成本將減少 0.876 億元。

（二）能源消耗效果

依經濟部能源局資料顯示，2010 年化學材料製造業能源消耗為 3,349 萬公秉油當量，該年化學材料製造業總產值為 2 兆 2,660 億元，高廠產值為 2,063 億元，占總產值 9.1%，可換算高廠能源年消耗 304 萬公秉油當量。以 2010 年燃料油每公秉 17,778 元計算，高廠關廠年能源消耗成本將下降 508 億元。

（三）空氣汙染效果

根據綠色國民所得帳之空氣品質質損帳，2010 年化學材料製造業之空氣品質質損為 14.17 億元，以高廠產值比重推估年空氣汙染成本將減少 1.29 億元。

（四）廢水量效果

根據綠色國民所得帳之水污染排放帳，2010 年化學材料製造業之工業廢水（生化需氧量 BOD）排放量為 20,721 公噸。，以高廠產值比重推估年工業廢水排放量約為 1,886 公噸。以工業廢水減量成本每公噸 208,262 元計算，關廠年廢水量減量效果將達 3.93 億元。

（五）溫室氣體效果

依石化政策評估說明書，高廠 CO_2 排放量為每年 370 萬噸，若以碳稅每公噸 750 元計算，關廠年溫室氣體下降效果為 27.75 億元。

綜合以上五個主要環境效果，高廠關廠總計每年直接帶來逾 500 億元的正面效益。不過，將環境污染轉換為貨幣價值，是相當主觀的方式；對各層面不同利害關係人而言，心中那把尺必然不同，計算出之環境影響價值亦必然不同。同時，高廠關廠對環境的影響與對經濟的影響一樣，是長期而深遠的，價值也應遠高於前述數字。

三、經濟永續與環境正義

加拿大約克大學環境研究學系教授 Peter Victor 於 2010 年發表於 Nature 的專文指出，在地球資源有限下，已開發國家面臨的抉擇已非追求經濟成長如此簡單。以經濟成長之研究獲得諾貝爾經濟學獎的 Robert Solow 於 2008 年表示，歐美等已開發國家很快將發現，「持續經濟成長對環境破壞太大，也太依賴稀有自然資源；而寧可讓經濟成長緩慢些，來提高生產力」。在已開發國家，這種「均衡經濟」（steady-state economies），乃至經濟「去成長」（degrowth）的想法，日漸顯現其吸引力，預期也將成為未來之趨勢。

臺灣目前之中長期政策亦是以此種經濟與環境皆永續的均衡發展概念為主軸。高廠關廠是政府既定決策，中油公司

亦按計畫為關廠做準備，爭議於高廠關廠與否已無實質意義。然而，高廠關廠後，其他如大林、林園、桃園廠區等勢將同樣面臨要求關廠的壓力，如何兼顧經濟永續發展與環境保護將是迫需解決的問題。

　　如就前兩節所引用之數據而言，高廠關廠對經濟帶來的負面影響遠大於對環境帶來的正面效果。誠如莊教授所述，高廠關廠的利害關係人相當廣泛，除了具有空間性利害強度的後勁居民與環保團體外，全體高廠鄰近居民、高雄市民、石化業者……等，乃至全臺灣人民皆存在利害關係。就個人觀點來看，當某特定利害關係人覺得政策具「公義性」，常常同時存在另一（或多）個利害關係人覺得該政策不公義。換言之，欲量化所有關係人之利害程度並給予適當權重，在執行上有相當難度，客觀性也易受質疑。

　　在現今全球經濟受金融海嘯與歐債危機所累而衰弱不振的背景下，政府目前應做且努力在做的，除採取相關政策降低高廠關廠所帶來的衝擊外，同時對石化產業的未來在經濟發展與環境保護間定調其走向，以期達到真正的國家永續發展。

四、高廠關廠之因應與未來發展
（一）供給缺口之彌補

　　高廠關廠後，將留下每日 22 萬桶原油煉製與每年 50 萬噸乙烯的供給缺口。欲於臺灣興建大規模之輕裂新廠，因環

保議題恐難實現（如國光石化投資案），故臺灣之石化產業政策已調整為「量的擴充在海外，質的提升在國內」的策略，經濟部也成立「石化產業高值化推動辦公室」，協助國內石化產業配合政府政策，朝向高附加價值之方向發展。

原油煉製缺口方面，中油公司於大林廠進行蒸餾工廠之汰舊更新計畫，工程期間自 100 年 7 月至 104 年 12 月止，以銜接高廠關場後油料之缺口，穩定供應林園廠之石油腦進料，並提供硫含量較低之柴油、煤油及航空燃油等油料。

乙烯等石化原料供給缺口方面，則於高雄林園工業區進行「三輕擴廠更新」，明年 6 月完工運作。三輕更新係經由新製程、低能耗與經濟規模優勢，降低生產成本，強化中油在石化基本原料市場競爭力。計畫新建年產乙烯 60 萬噸輕裂工場及附屬工場、公用與區外管線設備，同時聯產丙烯、丁二烯、苯、甲苯、二甲苯等，計畫時程 94 年起至明年 6 月共計 8 年 6 個月。

（二）高廠未來發展

針對高廠之土地，中油公司已成立「高雄產業園區開發小組」，規劃成立高雄綠能園區。其規劃理念迎合環境保護之趨勢：

1. 生態城市規劃概念：包含生態城市、建構水綠交織生態環境、建置區內綠色運具、改善水生環境、綠建築與節能改善、綠能產業之應用等。

2. 歷史記憶的保存：包含保留具特色或歷史建物及街廓紋理，延續中油歷史記憶，以及保留區內老樹及行道樹，建置完整綠廊，維持舒適綠意環境。

目前採取分區開發規劃，第一期發展以不具爭議性之宿舍區及業務區為主，面積約 117 公頃，規劃為三個專區：

1. 研發專區：以「綠能科技研究所」與「新材料試量產及認證中心」為主體，並結合各策略聯盟，建構綠能與新材料研發專區。
2. 行政與育成中心：運用中油既有生技基礎，加強保健食品行銷與通路之營運發展；運用整治高廠汙染土地之經驗，擴大廠外服務，發展環保事業；結合現有專業服務與設備檢查技術，擴大廠外服務，發展專業服務事業；運用中油既有之塗料生產基礎，加強行銷、通路之營運發展；成立園區管理中心，綜理園區開發與招商業務。
3. 營運生產基地：依產業發展趨勢以及「綠能科技研究所」與「新材料試量產及認證中心」的研發成果，獨資或尋求合適廠商合資設立綠色能源與新材料製造廠。

五、結語

高廠關廠為既定政策，惟未來中油公司其他廠區勢將面臨相同的問題；而如何在經濟發展、環境保護與正義間取得平衡，達到真正的國家永續發展將是眾所關注的重點。中油公司目前持續進行的中長期規劃有二：

（一）現有工場汰舊更新

鑑於在國內興建新廠之可能性極低，較可行方式即是仿照已開發國家之方式，在現有工場進行汰舊與更新。藉由引入新技術與設備，提高產能與降低污染。同時，透過讓工場的營運透明化、採取更高的防污標準、加強與居民的對話與溝通、增加雇用當地居民的比例及提高地方回饋等方式，取得當地居民的認同感，以達共榮共存。

（二）發展低污染的綠能科技與高值化產業

規劃將高廠土地建設為高雄綠能園區，目的在使其成為中油公司邁入石化高值化及潔淨能源產業的開發樞紐，建立及發展化工製程技術、工程設計及建廠能力。另外，並冀望能藉以拓展公司營運範疇，帶動產業升級與轉型，形成臺灣經濟發展的新動力，走向國際市場。

不難發現，前述兩項規劃或政策，皆在於兼顧經濟與環境的永續發展；除期待未來可符合多數人的利益外，對於利益受損者，也能透過各種途徑與方式進行回饋與補償，落實真正的經濟發展與環境正義。

參考文獻

1. Victor, P. (2010). "Questioning Economic Growth." *Nature*, Vol. 468, pp. 370-371.

2. 李樑堅（2009）。〈高雄地區產業再生策略規劃〉，行政院經濟

建設委員會委託研究計畫。

3. 陳惠楓、陳文龍、陳孟傑、吳春林（2012）。〈政府施政如何兼顧經濟發展與環境保護——以國光石化為例〉，《T&D 飛訊》，148 期，頁 1-17。

4. 賴宗福、李杰憲（2012）。〈兼顧環保與經濟下之高煉未來發展建議〉，大高雄地區之石化產業未來發展趨勢研討會。

5. 臺灣中油股份有限公司（2012）。《高廠土地規劃案進展報告》。

回　應

馬財專
國立中正大學勞工關係學系教授兼系主任

　　本文從中油高雄煉油廠在當地設廠，以及後續因環境議題的衝突所引發之爭議討論作為出發。在主張遷廠與反對遷廠的意見交戰下，政府的決策是如何具體的立基於多方利害關係人所產生意見交換與對話，進而形成公平正義平等價值之實踐。

　　本文以地方永續發展及環境正義的弔詭論述進行詳盡的說明。透過 Rawls（1971）在其正義論的論述中指出，現代社會如何形成不偏袒的分配制度，並促使社會中弱勢的族群得以規避成為風險的受難者，是相當重要的主題。這些在環境正義的論述上，指出了現代社會中鄰避（Not in My Backyard）概念所引發的不確定性與風險性是隨處可見的。面對風險社會的討論上，德國社會學家 Beck（1999）在其風險社會的談述指出，當代的社會風險具有四個相當重要的特質：(1) 風險造成的災難不再侷限在發生地，反而經常產生了無法彌補的全球性破壞。因此風險計算中的經濟賠償是無法被具體實現的；(2) 風險的嚴重程度往往超出我們預警檢測和事後處理的能力；(3) 由於風險發生的時空界限發生了變化，

甚至無法確定,所以在風險的計算上更是無法進行操作;(4) 災難性事件產生的結果多樣,使得風險計算使用的計算程式、常規標準等更加無法把握。更突顯出現代社會中的風險,其高度的不確定性及其複雜化。

針對風險社會的規避上,並進一步指出面對風險社會,必須要再造政治來應對風險。在其分析再造政治包括五個方面的內容:(1) 首先是人們必須告別錯誤觀念,即行政機構和專家能夠準確地瞭解對每個人來說什麼是正確的和有益的之外,更為重要的是必須要破除專業知識所可能產生的壟斷;(2) 團體參與的範圍不能由專家來定,必須根據社會的相關標準開放,實現管轄權的開放;(3) 參與者必須意識到,決策不是已經制定好的,必須從外部運作產出,進而實現決策結構的開放性;(4) 專家和決策者之間的閉門協商,必須傳達到或轉化為多種能動者之間的公開對話。最後為整體決策過程的規範必須達成一致的共識,進而實現自我立法與約束。

在本文中所處理的重要軸向分析為永續發展與環境正義之間的交疊與互斥。其問題是為求永續發展是否有時可以(甚至應該)犧牲部分群體的利益?以及環境價值的實現是否需要合乎集體公平利益之分配?在環境正義的論述中,主張任何少數民族及弱勢團體都應有免於遭受環境迫害的自由,也因此,國家中任何社會群體皆應享有社會資源的公平分配,資源的永續利用得以提升人民的生活素質,以及每個人或社會陳述的主張不符合環境正義原則。蕭代基(1998)曾提及 Munasinghe(1993)在其早期永續發展目標的討論

上,皆著重於經濟成長、社會公平及生態環境三個不同向度上的均衡與持續之穩定發展。在環境正義的特殊考量下,彭國棟(1999)曾指出環境正義是追求環境權利的平等,以維護個人與團體之尊嚴,尊重其特殊性與不同需求,達到自我實現並提昇個人與社區的能力。在族群的掠奪上,Camacho(1998)亦曾指出,環境正義是一種反對政府、資本家與強勢團體對於相對弱勢族群的環境殖民行徑,並主張消除貧窮、資源永續的共享,以及民眾參與權利擴張的思考與行徑。在此發展現象下,中油煉油廠的遷廠議題是否存在著環境掠奪的爭議與公共論述多元意見上的整合便形成了重要的思考脈絡。

面對避鄰效應下,中油煉油廠所產生的公共衛生與工安及污染,形成社會對立下的集體遷廠共識之後。當中油煉油廠遷移之後,去工業化的效應勢必將引發當地的經濟活動與工作機會提供的萎縮,其所可能產生的相關連續性之問題。例如高雄楠梓地區經濟活動的沒落,以及後續當地工作機會喪失之後所產生當地失業率人口的攀升。這樣皆為產業群聚遷移之後,所可能產生的後續性之問題,而此結果亦將全然遞移到當地所有的居民。此外,在全球化視野下,把深具環境污染的工業製程遷移至其他國家,是否亦引發出國際間避鄰效應與情結之撻伐,將是未來所需面對的問題。

因此,為解決永續發展與環境正義之衝突與爭議,個人築基在本文的思考基礎之上,建議更應積極建立下列幾點重要的原則與思考。透過以下幾個層面的掌握,應得以減少事

件爭議過程,可能產生的社會抗爭與衝突。茲羅列如下:

一、建構多層次或層面評估機制重要性與正當性。當評估機制的建立與充分討論之後,便應積極執行,避免政策從決策到執行的過程過度擺盪,耗費社會與經濟成本,延誤最佳處理時機,招致四方非議,反而干擾了政策執行的正當性與合法性。

二、建構充分的溝通平臺與管道,藉以整合事件利害關係人的態度與意見。並讓事件的爭議逐步透明化,避免決策黑箱所產生輸出,引發後續更為激烈的社會衝突。

三、現代民主社會中,因沉默的螺旋效應下,使得大家對公共議題不表示意見。然而不表示意見並不意味著其漠不關心,因此更應尊重與重視現代社會中沉默的多數。

四、民主提供了確立共識所需的制度架構,然而公共領域的確立是民主所以能發揮此功能的重要關鍵。因此,在任何頗具爭議與擺盪的重要議題上,更需注重公共領域空間充分互動的可能性。在此思考脈絡下,方能周延的建構彼此之間更為厚實的公共信任基礎。也唯有彼此的互信,才能拆解彼此之間所形成政治與意識型態下永無止境的社會對立。

參考文獻

1. Camacho, Davide E. (1998). "The Environmental Justice Movement: A Political Framework," In David E. Camacho, ed., *Environmental*

Injustices, Political Struggle: Race, Class, and the Environment (London: Duke University Press), pp. 11-30.

2. Munasinghe, M. (1993). *Environmental Economics and Sustainable Development*. Washington, DC: World Bank.

3. Rawls, J. (1971). *A Theory of Justice*, Cambridge, MA: Harvard University Press.

4. Ulrich, B. (1999). *World Risk Society*, Cambridge, UK: Polity Press.

5. 彭國棟（1999）。〈淺談環境正義〉,《自然保育季刊》, 28 期, 頁 6-13。

6. 蕭代基（1998）。〈永續發展的意義與政策方向〉,《經濟前瞻》, 56 期, 頁 44-49。

回　應

黃煥彰
中華醫事科技大學副教授

一、前言

　　自 1968 年中油在半屏山腳下興建第一座輕油裂解廠開始，後勁人便陷入隨時可能發生爆炸的危險中，空氣中揮之不去的臭油味更成為後勁孩子對家鄉的印記。1987 年，已經默默忍受污染數十年的後勁人，在得知中油欲在後勁地區興建第五輕油裂解廠時，自發性地動員，開啟了後勁反五輕運動的序幕。有論者認為，石化業（特別是中油五輕）牽涉著臺灣的經濟命脈，在遷（關）廠議題上，必須考量臺灣整體經濟、就業等問題……。因此，討論時必須考量全體臺灣公民。然而，必須看見，中油高雄煉油廠所造成的外部成本，是由當地居民（甚至大高雄地區）與環境直接承擔。

二、人命關天，環保不是空泛修辭

　　當我們僅以「環境保護／經濟發展」如此看似二元對立的簡化修辭來探討中油高廠遷廠議題時，很容易忽略了居住在當地直接承受各類污染的社區居民。

　　舉例而言，根據流行病學研究，當地女性喉癌的罹癌率

高於臺灣地區平均值 15 倍；淋巴癌為 4.5 倍，非何杰金沐巴瘤是則平均值的 10 倍。

環境污染方面，1988 年，中油東門旁的金屬研究中心工程師在宿舍內點煙，結果因中油滲入地底的油氣上升，爆炸造成其全身嚴重灼傷；稻田里抽出之地下水可點火燃燒，這些都是難以抹滅的污染印記；而據行政院環保署資料，光是近年來，如 2011 年左楠地區不明異味陳情污染來源即有三分之一以上來自中油；自 2009 年起，中油即未經程序將污染廢水排入後勁溪竟高達 55 次，致使環保署追討其不當利得 2,600 多萬元；土地污染方面，中油高雄廠區 385 公頃的土地中就有 177 公頃被公告為地下水污染控制場址，且尚有許多土地還有待進一步監測，附近地區的污染流布情形如何更需全盤調查。公安意外部分，根據地球公民基金會統計中油高廠自營運以來，至今至少發生 25 次重大公安事故（表一）。甚至在 2007 年 7 月至 2008 年 1 月，短短半年間即發生三次重大公安意外，其中兩次竟同是東區第六蒸餾工場。

這些對於環境與人民生命財產的影響，都必須由周邊居民直接承擔，絕非僅是「環境保護／經濟發展」這種二元對立的簡化修辭可以涵蓋。

三、經濟與失業不應由居民承擔

石化業是高污染、高耗能、悖離永續指標之產業，在表人口極度稠密、生態極為敏感的臺灣島，應停止繼續發展、

擴張,以顧及生界萬物及未來世代的生存福祉。臺灣為一島國,原料進口均仰賴海運,海運成本同時受制於國際原油價格。在石油資源逐漸耗竭的未來,此產業成本勢必逐漸攀升乃至崩困。經濟發展的規劃確實非一蹴可幾,正因如此,當我們預見石化業未來的沒落,更應傾國家之力儘早研究替代性的經濟發展方案,而非一昧將經濟命脈投注於石化產業。

同理,在產業逐漸沒落的同時,該產業就業人口可預見地也將逐步下降。事實上,2015 年的關廠是在 20 多年前即已確立的既定政策,在當時就應同步進行五輕就業人口的轉換方案,將失業人口歸咎於當地居民,乃是國家與企業不負責任的推委。

對於後勁居民而言,現有的回饋與補助豈是一種「福利」?只想問一個簡單的問題:如果把五輕蓋在你家旁,並讓你享有這些「福利」你願意嗎?答案昭然若揭。從資本主義全球化的歷史來看,這類高污染高耗能的產業,也是由所謂「先進/北方」國家,移往政治經濟力量都較為薄弱的「落後/南方」國家。我國由於過去環保相關法令薄弱以及國際政治、勞工運動不振等因素,土地不斷承受污染、人民不斷染上各種疾病。對於後勁居民而言,這些「福利」實際上是一種裹著糖衣的毒藥。它可能讓我們無法想像一個沒有五輕補助的生活,一個沒有土地污染、水污染,空氣中不再不定時飄散著怪異氣味(儘管矗立在路旁的監測表數據總是顯示著符合標準)的生活。

四、讓污染到此為止

中油遷廠後，工廠區飽受嚴重污染之土地該如何處理？依據土壤及地下水汙染整治法，此塊土地應由汙染者中油負責整治完成，以目前之技術至需花費數十時間，而其經費保守估計至少約 300 億元臺幣，在整治期間其土地不能買賣、分割、建築與讓渡，因此本文認為先由中油負責整治汙染場地，同時自現在起規劃成立煉油廠生態公園，同時進行土壤及地下水污染整治復育。

具體而言，若將污染現址轉為生態公園，可為臺灣帶來下列優勢。首先，生態公園內可規劃有濕地、教育園區等各種遊憩教育設施，提供市民休閒空間。其次，效彷德國魯爾工業區，將廠址部分保留並改建為世界級文化、設計創意園區，成為煉油工業遺址公園。此外，園區內亦可規劃污染整治教育公園，培訓國內污染整治人才及企業。最後，生態公園可將污染工業區轉化成都市之肺，提供新鮮空氣。

總結：

誠信是立國之本，尤其是對長期受害民眾，因此呼籲政府

（一）政府應遵守 2015 年關廠承諾。

（二）考量政策利害關係人，應首重後勁當地居民。勿以「整體經濟考量」之修辭，掩蓋後勁地區石化產業對當地長期造成的傷害。

（三）石化業為高污染、高耗能、悖離永續指標之產業，在人口極度稠密、生態極為敏感的臺灣島，應停止繼續發展、擴張，以顧及生界萬物及未來世代的生存福祉。

（四）政府應積極規劃產業轉型之方向及具體時程，同時在產業轉型過程中，應建立中油員工就業之輔導及配套方案，尋找生態環保與勞工權益雙贏的可能性。

表一　中油高雄廠近來重大工安事故記錄表

事故日期	事故單位	事故內容
1991.03.23	廠方東區燃燒塔黑煙	幫浦軸封磨損——產生大量黑煙
1992.06.20	第二烷化工場氣體外洩	氫氟酸外洩（員工蔡登山住院多人不適）
1992.06.23	燃燒塔氣體外洩	廠方東區燃燒不完全造成碳粉水蒸氣外洩
1992.11.06	二輕工場氣爆	進料生產氣爆
1992.11.25	高廠液化石油氣洩漏	石油外洩經電線靜電引爆發生火災
1994.05.09	二輕停爐歲修氣爆	工人清理油槽因電線走火氣爆（一工人死亡）
1994.05.20	五輕裂解爐氣爆	五輕 F-1112 裂解爐因壓力失衡氣爆產生火災
1994.06.20	五輕工場跳俥	五輕 TC-501 丙烯冷凍壓縮機跳俥燃燒異常
1994.07.21	五輕工場跳俥	五輕 1702 乙烯循環壓縮機跳俥燃燒異常
1994.09.22	第五硫磺工場	F-5402 預熱燃燒器因高溫破裂引發火警
1994.11.24	五輕工場	F-1101、F-1103 裂解爐發生回火油料溢流地面發生火警
1996.08.09	五輕工場	V1101 主塔燃燒油由濾網處大量噴出造成油雨事件
1996.08.10	北課	P-103 高柴泵浦由 E-06 油槽泵送至半站發生火警
1996.06.24	半屏山儲運課	半屏山儲運課 P-43 油槽發生火警
2001.01.01	廢鹼氧化工場	3 吋氫氣管線因腐蝕外洩引發火警

表一 中油高雄廠近來重大工安事故記錄表（續）

2001.08.07	芳香烴工場	SUT3、4、5、6、7、8 油槽防火堤外泵浦軸封洩源火警
2002.04.03	P37 油槽	發生漏油事件
2002.06.03	五輕場廢氣外洩	五輕工場進行歲修爐內燃燒不完全
2002.10.28	高雄石油焦廠溶劑外洩	高雄煉油廠石油焦廠硫磺外洩流入排水溝
2003.03.18	五輕裂解氣體跳俥	五輕 C-1201 裂解氣體壓縮機油壓系統故障
2004.06.25	五輕裂解廠 Q102 粗裂解油外洩	導致後勁居民 8,710 位就醫
2007.07.29	高廠東區第六蒸餾工場火警	原料輸送管線破裂外洩火災
2007.10.26	高廠東區第六蒸餾工場火警	煉油總廠發生氣爆事故，引發火警大火燃燒 10 幾個小時
2008.01.05	高廠第二真空製氣油工場大爆炸	中油煉油廠氫氣管線破裂爆炸起火，方圓 20 公里內可聽到爆炸聲響
2012.4.6	高廠丁二烯工場氣爆失火	火苗竄燒 60 多公尺，延燒 5 個多小時

政策建議摘要

【第一場次】從南方觀點分析臺灣的文化政策

(一) 發展臺南孔廟成為全臺首學、全球儒學重鎮

說明：臺南過去曾是臺灣的政治文化中心，臺南孔廟更是全臺孔廟之領頭羊，未來的臺南在歷史城市之外，更有可能發展成為文化之都、文學城市。建議政府重點支持臺南孔廟成為全臺首學、全球儒學重鎮，並以文化輸出引領市場走向，將臺南建設成足以代表臺灣的城市。

(二) 文化建設經費補助應考慮地方特色避免齊頭式

說明：中央補助地方文化建設之經費不應採齊頭式，為了均衡而分配非真正的正義。針對地方特色給予不同補助，例如阿里山文化資產具有世界遺產價值，嘉義市則有潛力成為音樂、美食及畫都等，經由差異化經費補助讓地方真正發揮特色，才符合公平與正義。

【第二場次】就醫之路好遠，好辛苦！

（一）以更科學方法來定義偏遠地區並重新檢討醫療資源公平分配機制

說明：現有醫療資源分配與實際需求落差極大，建議屏除傳統以離島與山地或以人口比例與行政區域來定義偏遠地區，改以更科學的方法包括考慮經濟能力、人口結構、地形等因素來評估醫療資源的可近性與可用性，重新檢討醫療資源分配之公平性。善用地理資訊系統、行動醫療救護車及遠距醫療等改善偏遠地區之醫療品質。

（二）重新檢討公費生制度並強制醫學中心認養醫療資院不足地區醫院

說明：建議由政府與偏遠地區醫院合作提供公費生補助，或由學校與偏遠地區醫院進行產學合作，未來公費生畢業不一定是去公立醫院服務，且公費生科別應以能救腦、救心、救命等緊急性醫療救護科別為主。從資金、設備與人力等面向提高待遇、改善環境，增加偏鄉醫師留任誘因，並強制規範醫學中心必須支援提升醫療資源缺乏醫院之急重症照護。

【第三場次】(A) 當前重大社福政策簡介與檢討 (B) 經濟全球化條件下臺灣的新興貧窮問題與社會救助體系改革

(一) 社會福利政策之制定與改革應善用長期資料庫並考慮社會變遷

說明：社會福利的改革，應考慮人口變遷的長期趨勢，政府應建立與善用長期資料庫，以訂定出合理、負責任可以永續經營的社福制度。

(二) 社福制度改革應避免政治干預

說明：社福制度改革應建立政治防火牆，隔絕政治干預，改革才能確實到位。勞保等年金制度的改革，不可分割民眾、激化對立。全民健保不應包山包海，應有開源節流的機制。

(三) 社福政策不應過於強調市場機制

說明：社福政策過於強調市場機制，將導致「福利沒有社會、社會沒有福利」。貧窮問題的解決，不能無視於政經不平等和社會排除的擴張，因此應跨出現有多元救助方案和供給面社會政策的狹隘框架，落實「福利的社會和改革」。

【第四場次】從偏鄉與弱勢看十二年國教

（一）全面實施強制性補救教學

說明：人民有受國民教育之權利與義務，國民必需具備基本的教育能力，未能通過基本教育能力檢測者，必需接受強制補救教育，通過基本教育能力檢測後，才能獲頒畢業證書。

（二）檢討廢除不利偏鄉與弱勢學生之超額比序項目

說明：對於偏鄉與弱勢學生相對不利之入學超額比序項目，例如服務學習等應予以檢討或廢除，或應設法保障每一個學生都有參與服務學習的資源，以符公平正義原則。

（三）健全與強化適性輔導之機制與人力

說明：適性輔導機制是否健全、輔導人力是否充足，是十二年國教能否成功的關鍵，特別是針對學習成就落後的學生，如何透過適性輔導，啟發他們的潛能、發掘他們的優勢，是教育單位責無旁貸的。

（四）偏鄉地區全面實施數位遠距補救教學

說明：偏鄉地區教育資源匱乏、數位落差嚴重、國際視野不足、專業師資欠缺，政府應該挹注更多的教育資源，全面建構同步或非同步的偏鄉數位遠距教學機制，透過數位遠距補救教學，能突破現有偏鄉補救教學與適性輔導之限制。

【第五場次】數位資源的分配與公平正義——南部觀點

(一) 建立跨部會推動機制，落實公平正義的數位資源分配

說明：整合交通部的寬頻管理、內政部的社福補助與公共數位資源建置、教育部的資訊教育與數位學習平臺、國科會的資訊研究成果移轉及經濟部的數位經濟推動方案等政策，專責推動落實數位資源分配之公平與正義。

(二) 建制教育雲，重整數位機會中心

說明：推動開放式課程數位化，提供公共數位平臺，實施數位教育。透過雲端的大量儲存、快速散播特性，讓數位資源不足者免費取得數位資訊、知識、經驗與智慧。各地數位機會中心應具備因地制宜特色化、資源交流制度化、教學設計專業化及行政規範標準化之營運模式

(三) 提供優惠或減稅誘因鼓勵企業認養公共數位資源

說明：政府應重視公共數位資源的投資，網路寬頻等數位資源應視為公共財，政府應訂定規則強制要求企業回饋數位資源弱勢者，或提供優惠或減稅誘因，鼓勵企業認養公共數位資源。

【第六場次】從南部觀點省思臺灣的地方財政與經濟問題

（一）財政分配款應多補助在能積極發展地方經濟之用途上

說明：當前財劃法的修正除針對分配比率修改外，更應特別強調各地方政府經濟發展計畫的補助，透過中央補助地方經濟發展經費的明確化、甚至法制化，鼓勵地方政府發展經濟，以增加中央地方稅收創造雙贏。

（二）突破財政患寡與患不均問題

說明：增加地方可分配金額改善患寡問題，在基本建設需求分配指標中加入「每戶可支配所得」為分配之逆指標，在財政建設需求分配指標中納入「農林魚牧產值」為獨立指標之一，使農業縣市有機會與工商縣市在較公平基礎上分配財源，以改善地方基礎建設，均衡區域發展。對於地方政府配合國家政策引進高污染產業者，應增加分配以資回饋，促進公平正義。

【第七場次】政府決策與正義思量——論中油高廠遷廠議題

(一) 政府產業發展決策應明快周延

說明:未來政府訂定產業發展決策時應考慮政策所可能產生的利害關係,儘早且具體透明的讓所有利害關係人清楚明瞭,以建立具厚度的公共信任。

(二) 中油高雄煉油廠應如期關廠,惟第五輕裂工場因涉及石化業之發展應再行評

說明:政府應遵守承諾責成中油高雄煉油廠如期關廠,惟其中第五輕油裂解工場,因石化產業關聯性高,對經濟發展與就業率影響極大,為國內經濟支柱型產業之一,應再行評估石化原料供應問題及五輕停產可能之影響再行決定。高雄煉油廠原廠址未來之規劃與用途在與臨近居民溝通與對話後應儘速定案。

```
國家圖書館出版品預行編目（CIP）資料

分配與公平正義：南部觀點 / 吳昆財等作.
 -- 初版. -- 臺北市：新台灣人文教基金會；
新北市：Airiti Press, 2013. 09
 面；公分
 ISBN 978-986-87320-7-0（平裝）
 1. 公共政策 2. 文集
 572.9                           102019035
```

分配與公平正義：南部觀點

主　　編／簡明哲、盧宓承、莊淑瓊、馬祥祐、吳昆財
作　　者／吳昆財、李瑞騰、洪孟楷、董育奇、廖學志、蘇清泉、吳彬安、陳信水、
　　　　　薛承泰、呂建德、王育敏、張世雄、簡明哲、陳益興、邱文嵐、陳育恬、
　　　　　盧宓承、陶幼慧、陳弘宙、柯健全、馬祥祐、王元章、朱耀祥、雲林縣
　　　　　政府、莊淑瓊、陳綠蔚、馬財專、黃煥彰
責任編輯／須文蔚、簡明哲、曾文培、劉德明、修杰麟、吳承思、陳儀如、陳啟民
執行編輯／謝佳珊、陳儀如
美術編輯／林玫秀

發 行 人／張 珩
出版單位／財團法人新台灣人文教基金會 & Airiti Press Inc.
發行單位／財團法人新台灣人文教基金會
　　　　　110 台北市信義區信義路五段 150 巷 2 號 16 樓 1600 室
　　　　　Airiti Press Inc.
　　　　　234 新北市永和區成功路一段 80 號 18 樓
法律顧問／立暘法律事務所　歐宇倫律師
總 經 銷／華藝數位股份有限公司
　　　　　戶名：華藝數位股份有限公司
　　　　　銀行：國泰世華銀行　中和分行
　　　　　帳號：045039022102
　　　　　電話：(02)2926-6006　　傳真：(02)2923-5151
　　　　　服務信箱：press@airiti.com

ISBN　／ 978-986-87320-7-0
出版日期／ 2013 年 9 月初版
定　　價／新台幣 380 元

版權所有・翻印必究　　Printed in Taiwan
（如有缺頁或破損，請寄回本社更換，謝謝）